東京都教員の働き方

東京都公立小学校教諭
内海孝亮 著

明治図書

まえがき

この本を手に取っていただいた皆さん。本を通して出会ってくださり、ありがとうございます。初めまして、東京都で小学校の教員をしております内海孝亮（うちうみこうすけ）です。八王子市で4年間、武蔵野市で6年間、練馬区で9年間小学校教員をしてきました。

今回、執筆のお話をいただき、この『東京都教員の働き方』を刊行する上で皆さんにまずお伝えしたいことがあります。それは、私自身が東京都の教育が好きであり、東京都の教育が少しでも前進できるように微力ながら力を尽くしたいという願いです。

教育は今大きな転換期を迎えています。学校ＤＸが進み、不登校問題をはじめとする教育課題は増加の一途を辿っています。私は教員として何をすべきか？　この問いを日々自分自身に問いかけながら、答えを模索してきました。

「未来を見据えて、子どもたちが幸せに生きていけるように。誰一人取り残さずに」というポリシーをもち、教育と向き合っていきたい。東京都の教員として生きる自分の使命を感じています。

教育は人間に欠かすことのできない活動です。アメリカのジョン・デューイも、イタリアのマリア・モンテッソーリも、ブラジルのパウロ・フレイレも、名だたる教育者は皆、国や時代が変わっても個人と社会の幸福のためには教育は欠かすことができないと述べています。

本書を刊行するにあたり、多くの東京都の教員の皆さん、公立だけでなく、私立やオルタナティブスクール、また、教育関係者ならびに、他道府県の教員の皆さんとも対話しました。

対話を続ける中で、自分が知らなかった東京都の教育の素晴らしさを再発見できたと思っています。普段は目の前の仕事で精一杯ですが、原稿を書きながら、東京都について改めて学び、充実した時間を過ごすことができました。

この著書を通じて教育だけでなく、「東京都」という視点で読者の皆さんと対話したい。そう思っています。

読後感もSNSなどで、共有していただけたら幸いです。子どもたちは未来を生きていきます。東京都の教育を通じて、多くの皆さんが教育について対話してくださったら嬉しいです。

原稿を書きながら、そんな願いを込めています。自分一人の考えでは、より良い未来はつくれません。みんなで協働して、東京都の教育をより良くしていきたいです。

自己紹介も含めて、少しお話しさせてください。

小学校教員を志したきっかけは、小学6年時の担任の先生との出会いです！

忘れもしない6年生の始業式、I先生は真っ青なスーツに身を包み、ドリフターズのいかりや長介の「おいっす！」ばりの元気な挨拶で登場しました。

何もかもが新鮮で刺激的で、「小学校ってこんなに楽しくなるんだ！よしっ！僕も先生になろう！」と心を決めた瞬間でした。

埼玉県与野市立本町小学校6年3組担任のI先生は、とにかく子どもたちを楽しませてくれました。

土曜日の放課後の校舎内でのかくれんぼ。先生も校舎を走り回り、掃除用具入れに間違って閉じ込められてしまった女子のエピソードに大笑い。

焼却炉のそばでバーベキュー、卒業旅行の千葉県清水公園でのアスレチック。

土曜日、午前中で学校が終わったら、お小遣いをもって、みんなでラーメンを食べに行き、ワイワイ盛り上がりました。

先生の故郷、巣鴨のとげぬき地蔵を見に行こうというクラスイベント。

先生の自宅には漫画専用の離れ（漫画を読むためだけの部屋）があり、そこに班ごとに遊びに行くなど、楽しい思い出ばかりです。

I先生の「学校を楽しくしたい！」という思い、それが自分の先生になりたいという思いを発現する初期衝動でした。

ロック（パンク）ミュージシャンがザ・ブルーハーツを初めて聞いたときの衝撃を話すのと同じくらい、このエピソードは欠かせません。

自分が受けた恩恵を次の世代に繋ぎたい！　それが人生の道を決めた理由です。

東京学芸大学の学生になり、学びました。教育実習を経験し、都内小学校、中学校で時間講師として働き、多くの先輩方、子どもたちと交流し、たくさん愛情をもらいました。この出会った皆さんに感謝するとともに、東京という地域の素晴らしさを感じました。この出会い、繋がりを大切にし、この場所で恩返ししたい。その思いで、今も東京都で先生を続けています。

読者の皆さんの中には、これから先生になろうとしている学生の方、今まさに日々教育と向き合っている先生方もいらっしゃると思います。もちろん、教育関係の方でなくても、読んでくださった皆さんが、ときにうなずき、ときに問いを生み、また少しだけ気持ちが楽になってくれるきっかけになればこんなに嬉しいことはありません。一人でも多くの方と東京都の教育について考えていきたいです。

内海　孝亮

目次

2章　「東京あるある」から見える良さと課題と解決策

3章 東京都のキャリアプラン

4章　東京都から全国への提言

1章

東京都の小学校教員になるとは

教員採用試験と配属

その地域ごとに教員採用試験がある

教員採用試験を受ける場合は、自分が教員として働きたい地域のＨＰなどで、募集要項を確認するところから始まるでしょう。

２０２４年11月現在、東京都の公立学校教員採用のポータルサイトが開設されています。このサイトを覗いてみたのですが、自分が学生だった頃と比べて、情報を受け取りやすくなったという印象をもちました。自分の将来を決める決断は一大事です。具体的な情報が発信されることで、「教員になりたい！」と思う方が一人でも増えるようにという願いも感じました。少し自分の思い出を話します。

私の採用年は平成18年度なので、大体20年前です。当時は小学校の全科の採用倍率が４倍程度で、私は2回落ちてしまいました。

友達３人で採用試験を受け、合格発表を見に行ったら、私だけ不合格という何とも悲しい思い出もあります。気まずいとお互いが思っていたことでしょう。甘苦い思い出です。

試験に向けて、筆記試験と面接試験の準備もしました。大学４年生のときは、筆記試験、面接試験を受けましたが、次の年からは、講師として働いていたので、一次試験は免除でした。教育実習校や勤務校の校長先生に面接や筆記のご指導をいただいたことが心の温まるエピソードとして胸に残っています。

中学校の採用はもっと狭き門だった記憶があります。令和5年度は東京都の採用倍率が2倍を割っています。受験者数もやはり減っています。平成18年度と比較すると、約２０００人減っています。教員志望が減っている事実は否めないです。

さて、先ほど紹介しました東京都の教員採用のポータルサイト、よくできています。ＨＰ上のトピック「働き方改革の今を知る」や「教員のリアルを知る」「キャリアを知る」では、実際のエピソードをもとにわかりやすく現場の実際について発信しています。

令和６年度、東京都の採用試験スケジュールは、

1　受験申込　　　　4月1日（月）午前10時から5月8日（水）午後6時まで
2　受験票交付　　　6月中旬
3　第一次選考　　　7月7日（日）
　※一次選考免除者は除く。
（産休代替や昨年度補欠合格者など一定条件をクリアしている場合）
4　キャリア論文選考　7月14日（日）
5　第一次選考合否発表　8月5日（月）午前10時
6　第二次選考　面接　8月17日（土）、18日（日）、19日（月）
　　　　　　　実技　8月25日（日）
7　最終合否発表　　9月30日（月）

となっています。

合格者は2月から順次、各区市町村教育委員会等から任用先の紹介になります。

選考区分も私のときと違って、キャリア採用選考や大学3年生前倒し選考など、柔軟になっています。簡単にいうと、大学3年次から試験が受けられる制度や、中途退職者でも試験に合格すれば主任教諭の扱いで採用する、というものです。

間口は広がっていますので、チャンスの時期です。ある年は、採用倍率12倍なんていう年もありましたから……。

採用倍率が下がると、「教育の未来はどうなるのだろう……」と一教員として、悲しい気持ちになります。教員という職業の素晴らしさを知っている分、なおさらです。みんなが安心して暮らせる、より良い世の中にしていくには、やはり教育の力が必要です。かの小田原藩を建て直した二宮尊徳や米沢藩の財政を再建した上杉鷹山も教育の力で人を大切に育てた結果、大事業を成し遂げました。みんなが教育に関心をもって、「先生になりたい！」と思う人が多いということは、子どもたちの未来をより良くすることにも繋がると思うんです。

「自分はこういう教育がしたい！」「こんな子どもたちになってほしい！」

その願いが教員として一番大切な原動力です。閉塞感が漂うときこそ、チャンスだと思います。自分自身にできることを見つけて、それに向かってチャレンジできたら、とても楽しい人生になっていくと私は思っていますし、実際私もチャレンジをし続けています（執筆もチャレンジ！）。

教員志望の方々には、教育というフィールドにぜひチャレンジしてもらえたら幸いです。

東京都の風土・文化

人が多い東京だけど

東京都は言わずと知れた人口第1位の都道府県です（人口約１４００万人）。

東西に長く、西部には関東山地、中央に多摩丘陵・武蔵野台地、東部には東京湾に面する関東平野があり、東へ行くほど標高は低くなります。

また、意外に知られていないのが、太平洋上の火山帯、伊豆諸島、小笠原諸島も東京都です。小笠原諸島は、世界自然遺産に登録されています。世界自然遺産に登録されている場所は日本で5か所しかありません。

コンクリートジャングル、ヒートアイランド現象のイメージが強い東京都ですが、豊富な自然に囲まれています。日本という国が、いかに自然に恵まれているかを実感できるデータです。

歴史的には、1457年に太田道灌が江戸城を築城。徳川家康ではありません。その後北条氏が関東を支配し、徳川家康が関東に来たのは、1590年。豊臣秀吉の命を受けてからです。1603年に家康が征夷大将軍になると、江戸幕府を開き、河岸整備や土地改良などをして、五街道の起点を日本橋とし、人口100万人を超える世界最大の政治・消費都市になりました。

東京都に住んでいる私ですが埼玉県出身です。もとから東京に住んでいる方よりも、地方から出てきてそのまま定住した方が多いイメージです。

人が集まるのは江戸時代からです。**文化が交流しては、新しい文化を生んできた風土があるのでしょう。**文化を発展させるのに交流は欠かせません。20世紀最大の人類学者と呼ばれるフランスのレヴィ＝ストロースも、『人種と歴史／人種と文化』（みすず書房）で「文化の多様性は、過去の遺物ではなく、未来への希望である」と説いています。

学級の子どもたちと話をしていても、保護者にはそれぞれ故郷があり、夏休みは地方に行く子が多いです。

この交流や文化の発展という視点は、今後の東京都の教育を考えていく上で重要な観点です。

前述した点で調べていくと、東京都は私立学校やフリースクールの数も他道府県に比べて多いようです。正確な数はわかりませんが、文科省調べによると、都内私立学校は約2100校、フリースクールに関しては数十校あるそうです。また、人口の多さや学校数の多さを考えると、自然と受験も過熱する傾向があるようで、進学意識が高いのも東京都の教育の特徴といえます（後ほど、東京都の施策については触れていきます）。

2000年代には、「都立高校改革」が実施され、進学校として名高い都立高校も注目が集まり、東京都は受験競争が激化しているといわれています。進学塾も多いです。

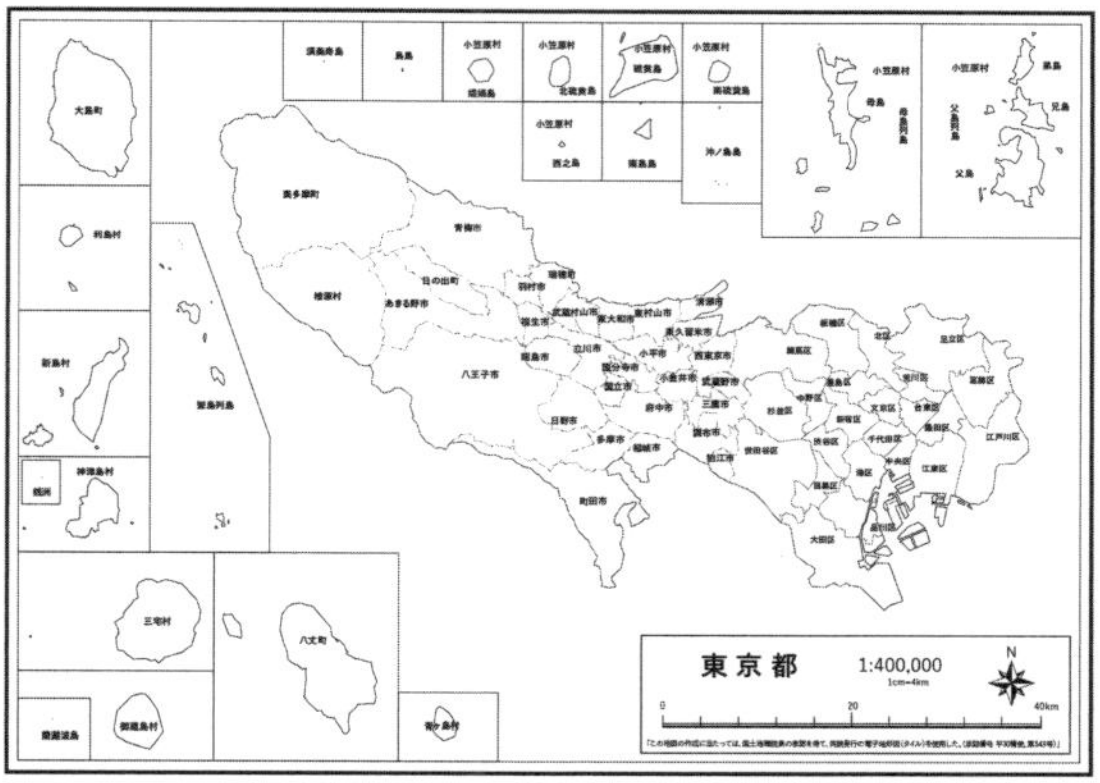

高学年を担任していて、保護者からの相談で多いのが、受験に関する悩みです。ご家庭ごとの教育観はそれぞれで良いと思いますが、大切なのは、「子どもたちが自分で決めた道なのかということ」です。人は自分で決めたことのみ成長の糧にすることができます。一人ひとりの夢を尊重できる対話が必要です。

また、国際学校やインターナショナルスクールの充実も進学意識の高さを表しています。東京都は外国人居住者も多いです。よって、日本語教育の支援や多文化共生を目指した国際理解教育も進めています。

学びの選択肢の多さも東京都の教育の特徴です。

区や市の特色と違い

区部は厳しい？　市部は緩い？

東京都には23区の地域と市部（26の市、５の町、８の村）があります。

入都時（東京都に採用されたとき）は、学校文化の違いをざっくり先輩たちに教わりました。私は市部２校、区部１校を経験しましたが、もう少し具体的に考えると、区部は教育委員会からのトップダウンが強い？市部は教員の意見が強い？ということだったと理解しています。

自治体ごとに見ても施策や予算が異なっているので、様々な面で違いがあります。

どちらが良いとはいえませんが、**緊急時にはトップダウン、通常時にはボトムアップ**と

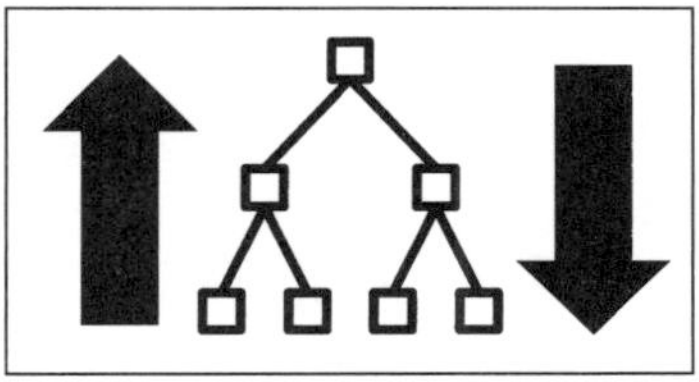

両方を組み合わせるハイブリッドアプローチが最近はスタンダードになっているのでしょうか。

大切なのは、目の前の課題を正確につかむことと、課題をチームの全員が共有しているかどうかです。区部も市部も実態は異なります。学校ごとに組織の色や文化も異なっていて良いと私は思います。

エピソードを一つ話します。

私が若い頃のベテランの方々は、「職員会議は、連絡事項の伝達の意味合いが強くなった」と話していました（時代かな？）。

職員会議中、学校をより良くしたいと真剣に向き合っている先生方が、強く言い合いになっている場面に遭遇しました。感情的に言い合うのは、今の時代には合っていないかもしれません。しかし、時代が変わっても、普遍的なものはあります。**それは子どもたちのために、学校をより良くするという情熱をもち続ける先生の存在です。**

諸先輩方の後ろ姿をしっかり心に刻んで、現代に合った情熱のアウトプットの仕方を模索していきたいものです。

給食って先生も楽しみ？

地域、文化の違いを考えるときに外せないのが食事です！

子どもたちと食べる給食。一般企業では味わえない瞬間です。私は給食が大好きです。みんなとワイワイ食べるのって楽しい！

小学1年生のときは、「牛乳マン」と呼ばれていました。なぜかというと、毎日200㎖の牛乳を足し算していって、みんなに発表していたからです（なぜその発想になったのかは謎です）。

最終的に一年間で3万㎖以上まで数えたのを覚えています（変わった子ども？）。

2005年に食育基本法が施行されてから、給食は以前にも増して、大切な学びの時間になっています。マナーや食への知識、自分の健康など、子どもたちが身に付けるべき項目が多くあります。**食はすべての基本ですね。**

勤務校の子どもたちに「好きな給食は？」と聞いてみたのですが、多いのは、カレーライス、揚げパン、フルーツポンチ、みそラーメンなどでした。皆さんの時代と比べてどうでしょう?

私が働く練馬区では、特産の大根を使った練馬スパゲティ（大根おろしのソースで食べる）やキャベツを使ったホイコーロー丼などがあります。その他に、それぞれの自治体の地域限定メニューがあります。

大田区のたこぺったん、足立区のえびクリームライス、葛飾区のだんご汁、挙げればきりがないくらいです。栄養士の皆さんの努力と、子どもたちに食の大切さを伝える大人たちの願い、同じ学校関係者として尊敬しています。

練馬スパゲティ

そして、2024年現在、東京都の給食無償化は進んでいます。
給食を通じて、他校の子どもたち、先生、様々な地域の方と対話し、それぞれの地域の良さを共有することも、面白いかもしれません。
給食については誰もが共通項の多い会話として話し合うことができます。食育を含めた学校教育について関心をもってくれる人が増えてくれると嬉しいです。
食は人と文化を繋いでいきます。

地域の特性で異なる総合学習

私が初任者時代を過ごした八王子では、養蚕業が盛んだったこともあり、蚕の学習を総合的な学習の時間の指導計画に取り入れていました。

小学3年生で蚕を育てます。市部では蚕の学習をするところが多いです。

関東の環状線としては国道16号が古くからある幹線道路といわれています。これが東京の西部を走っています。明治期の日本で輸出を支えた養蚕の主要ルートでした。その歴史や文化に触れるために、総合的な学習の時間に学ぶことになったのだと思います。

蚕を育てるのが苦手な先生もいますが、私は好きでした。蚕のえさ、桑の葉は今の時代はなかなか取れません。

桑の木をもっている地域の方と仲良くなったり、同僚の先生に助けてもらったり、「蚕の学習」を軸に色々なコミュニティと繋がっていくことができます。これが面白かったです。

産業を学ぶことで、人、物、流通、経済そして、未来への願いを知ることができます。

かたや区部の学校でも、大田区ではものづくりに焦点を当てて、総合的な学習の時間を進めているそうです。畑の作物、商店街の暮らし、まちづくりなど、各学校で様々なテーマに取り組み、東京都の中だけでも数多くの実践があります。

それぞれの学校で、地域と学校が繋がり、学びを共創していく姿、素敵です。他地域の先生、子どもたちともっと交流したら楽しいですね。実際に取り組んでいる先生もいらっしゃると思います。

さて少し、授業づくりの話題になったので単元のつくり方や学校が抱えている問題について話したいと思います。

私はこう捉えています。

地域の違いを知ることこそ自分たちを知る一歩に繋がります。
自分たちの地域の良さは比較対象がないと浮き彫りになりません。

しかし、学校には「よはく」がない。

時間をどう捻出するか。学校の「時間的よはく」のつくり方は課題です。

五木田洋平著『対話ドリブン』（東洋館出版社）では、「よはく」の定義について、次のように述べています。

時間的よはく：業務の中に「時間の余裕」をもつこと。これにより新しい取り組みや反省の時間を確保することができる。

精神的よはく：業務に対して過度な重圧がない状態。よはくがあると視野が広がります。

対人的よはく：様々な人と関係を保てたり、主義主張が対立したり、熱い議論になっても関係が壊れない関係を指します。対人的なよはくがあると次にあげる選択的よはくも生まれやすいです。

選択的よはく：様々な手段をとってもいい権利。また、ある方法が失敗しても、違う手法を取れるだけのよはくがある状態。

新しい総合的な学習の時間に取り組んでいる学校、前年踏襲で毎年がルーティンになってしまっている学校。もしかしたら「よはく」を視点に見ていくと、柔軟性や創造性の違いがあるかもしれません。

プロジェクト学習やマイプラン学習などを取り入れ、地域を学ぶ総合的な学習の時間は、もっと変わっていける気がします。

東京都は地域性、地域ごとの差が大きいです。都心部もあれば、島しょ地域もある。

４年生担任の実践で、八丈島の学校と交流しました。水産業や農業、観光業などいくつかのテーマから自分で調べたいテーマを選び、プレゼンづくりをします。クラス内でも交流しながらブラッシュアップしていきますが、現地の先生や観光業のお仕事をされている方にインタビューして、八丈島の子どもたちの学習内容や、実際の産業の様子を聞き、交流しました。子どもたち同士で交流できたらもっと学びは深まったとフィードバックしました。

それぞれの学校が自分の住む地域の良さを学び、それを伝え合う場があれば、東京の子どもたちは交流し、もっとのびやかに育ってくれるでしょう。

「よはく」を生み出し、地域が交流できる面白いことをしたい！

読者の皆さんも賛同してくれませんか。

東京の僻地

東京都には僻地扱いの場所があります。2章でも触れますが、場所によっては車通勤がOKで、所属校が決まったらまず、マイカーを買う若手教員もいました。もちろん、八丈島や大島などの島しょ地域にも違いがあります。島の大きさや人口によって職員の数も違います。青ヶ島は住所が無番地だそうです。島に勤務する先生の中には釣りが趣味の方も多く、嬉しそうに画像を送ってくれる方もいました。羨ましいです。

ある島の学校の勤務経験をもつ先生に話を伺いました。島では、顔見知りが多いそうで、島民みんなで教育活動をしているのが心強かったそうです。

社会に開かれた教育課程の中、愛されて育つ子が多く、先生として教育活動を進める面と、子どもたちとともに暮らす島民としての両面で教育を進めていたそうです。

そして、生活圏がかなり限られる島しょ地域で働くには、地元の方とのコミュニケーションが欠かせないのだとか。

仕事とプライベートを分けたい方にとっては、仕事をしづらい環境に捉えられてしまうかもしれませんが、人との出会いや、イベントでの達成感など、区部や市部の学校では味わえない特別な経験ができるのではないでしょうか。

都心で教育研究指定校になっている学校もあれば、このように僻地の学校もあります。異動により、勤務地を選択でき、自分のキャリアや人生観に合わせてライフプランを考えることができるのも、東京都の教員の魅力です。

自分もチャンスがあれば島しょ地域に行きたい派⁉です。

東京都と道府県の違い

教育とお金

自治体により税収に差があり、教育にかけられる費用は異なっています。

私が勤務する都内の学校では、トイレ掃除は業者がやってくれます。算数専科を設けて、算数少人数制で教育活動を展開しています。特別支援担当の教員が数校を巡回し、校内通級制度が整っています。

SSS（スクールサポートスタッフ）や副校長補佐が事務処理を手伝ってくれるのも大助かりです。学用品（画用紙など）の購入はほぼ公費で賄うことができています。

都道府県、政令指定都市も合わせて最も平均給与が高いのは東京都です。

なんて、お金の話ばかりしていると……。

いえいえ、自分の働いている自治体を知ることって大切です。地域の特色や歴史を学び、他道府県の方と対話すると、地域によってかなり違いがあることがわかります。

自分の当たり前は当たり前じゃない。そう感じました。

東京都の教育施策については、東京都の教育委員会ＨＰに紹介されています。いくつか抜粋して、項目を立てました。一つひとつ見ていきます。

1　ＩＣＴ教育の推進
2　外国語教育
3　特別支援教育
4　安心・安全な教育環境
5　学力向上、教育格差への対応

1　ICT教育の推進

基礎自治体教育ICT指数サーチによると、東京都の小学6年生児童が、ICTを授業で活用した頻度は全国4位となっています。しかし、教員の指導力指数やデジタル教科書の整備率は高くありません。少し厳しい話ですが、教員の活用力にまだまだ課題があると言わざるを得ないです。ICTは日常使いにしてしまえば便利なので、同僚とみんなで小さく始めてみることがおススメです。

2　外国語教育

東京都では広範囲でALT（Assistant Language Teacher）を配置しています。私が勤務した学校でALTが配属されていない学校はありませんでした。最近では外国語専科を置く小学校も増えました。都教委が策定している「東京グローバル人材育成計画」のもと推進が進んでいます。

3　特別支援教育

様々な障がいに応じた特別支援学校を設置するだけでなく、特別支援教育コーディネーターのスタッフ、教育相談員、巡回心理士、校内通級制度の充実など、自分が若手だったときと比べると、多くの大人でサポートする体制はできてきました。学校現場にいて課題を感じるのは連携です。学校の組織としての情報共有や、合意形成をもっと充実できれば、さらに多くの子どもたちに寄り添えると感じます。

4 安心・安全な教育環境

文科省HP公立学校施設の耐震改修状況フォローアップ調査の結果について（令和5年4月1日現在）の都道府県別データをみると、東京都において耐震改修できている学校は80％を超えています。全国的に見ると、まだ30％程度の自治体もある中では高い方です。都教委は、防災教育プログラムを策定し、防災教育を支援しています。総合的な学習の時間などで、起震車体験などの体験学習も盛んに行われています。

5 学力向上、教育格差への対応

都教委独自の学力意識調査を行い、データによる学力の把握を行うとともに、補習授業、個別指導を進めています。また、地域教育コーディネーターとともに、放課後に学習機会（宿題を見てあげるなど）を設けて、教育格差をなくそうという取り組みも推進しています。地域によっては外国にルーツをもつ子どもたちに日本語を教えるスタッフも配置しています。

誰一人取り残さない教育を目指して、多くの方が東京都の教育を支えています。

Column

自己実現度の深化が、子どもの教育活動の充実に

Author：A先生

本書の著者、内海さん（ウッチー）から原稿依頼がきた。「東京都の先生を励ましたい！」とのこと。ウッチーとは、同じ東京都の公立小学校の教員であり、何なら一時期は同じ学校に所属した仲。ともに踠き苦しみ、喜び認め合った仲である（懐かしいなぁ）。ウッチーの熱を間近で感じた日々を思い、柄にもなく本稿に取り組むこととした。

ただ、私は東京都での勤務経験しかないため、「東京の」はひとまず脇に置き、先生を「励ます」ことについて改めて考えてみた。

また、本書の内容は「東京都」の「公立小学校の先生ライフ」色が強いと思われるので、私もその路線に合わせてみた。中学校や高等学校、私立学校の先生ライフは、また一味も

二味も違った趣があるので、興味のある方は調べてみることをおススメする（ＳＮＳでウッチーに聞いてみるのも良いかもしれない）。

さて、限られた紙幅で先生という仕事の素晴らしさを挙げるとするならば、その「オールラウンダー」ぶりであろう。先生本人の得手不得手を問わず、子どもたちの教育活動を直接的または間接的に充実させるために、「やらなきゃならないこと」が非常に多いのだ。

そして、その業務量もさることながら、業務種が尋常でないほどに多岐にわたっている。だから、面白い！こんな仕事はなかなかない。専門性の高い職であるが、特に小学校の先生については、矛盾的ではあるが「様々なことが一通りできる」ことについての専門性でもあるのだ。ね？面白くなってきたでしょ？さらに、その業務たちは、次から次へとランダムに押し寄せてくるのだ。回転寿司店の席に着いた途端に、次々と寿司が流れてくるようだ。しかも、スルーはできない。量が多い？ネタが苦手？そんなことは無関係。寿司はどんどん運ばれてくる。しかも、よく見ると汁物や麺類、デザートもランダムに混ざっている。全部食べるのだ。そして、一日の終わりに、色々な意味でとてつもない充実感を抱いて家路につくのだ。美味しかった寿司、あまり美味しくなかった寿司。結局最後まで飲み込めなかったり、そもそも手すら付けられなかったり……よく確かめたらそもそも寿司ではなく、食べ物でさえなかったなんてことも。でも、ベストは尽くした。そんな日々を過ごしていると、いつの間にか何でもそれなりに美味しく食べられるようになっているものである。まさに経験が人を育てるのである。詳細はウッチーの本文に譲るが、初めから「先生」である人なんておらず、だんだんと「先生」になっていくのである。そして、その過程で様々な「もの」を身に付けることになるのだが、これは3章の終わりに紹介されている、「100年ライフ」を生き抜くための「ライフシフト」を支える「可能性」と「選択肢」を手に入れ、より良く「自己実現」を図っていくためには欠かせないことであると私は実感している。

実は、このような営みは、教師だけが得られる経験ではない。他の業種でも同じである(多分)。しかし、大きな違いは、言い換えると教師(という仕事の)の「素晴らしさ」は、この膨大な労力を要する日々の営みが、学校や自治体、そして先生たち自身のために行われるのではなく、先にも触れたが第一義的には子どもたちの教育活動の充実のために行われるということである。なんと尊く、価値のある営みであろうか。そして、子どもたちの成長・変容や先生の自己実現度の深化が、その営みの成果として確実に認められるのである。

しかも、直面する業務種の多さについては先に触れたが、実はみんなが同じではなく担当する校務分掌や取り組み方により、少しずつ内容が異なる。つまり、先生の数だけ自己実現の仕方も存在していることになる。確かに、一口に「先生」といっても、本当に様々な先生がおり、私の職場でもその一人ひとりが、子どもたちのために自分らしく日々邁進している。東京都の公立小学校は、１３００箇所弱の学校（事業所）があり、３００００名を遥かに超える先生（社員）が働く超超超マンモス「企業」である。明治以来、長きにわたって社会の基盤を頑然と支えてきた「会社」である一方で、これほどに自己実現の自由度が高い職場もそうそうないのではなかろうか。巷間には、「自己実現」を果たすために、やれ休暇で旅行に行きたいだの、自分の起案を通したいだの、自分の会社に対する世間の口コミだのを理由にした、「転職の誘い」が溢れている。「公立学校の先生」ならば、そんなもの全部できる自由を手に入れられる！ということはあまり知られていない。自由を手にできるということは、甘い世界ではないことと同義でもあるが……これを読んだあなたが、我々とともに子どもたちを育み、豊かに自己実現を図っていくことに対する思いを少しでも高めていただけたら幸いである。待ってます！

最後に。以前、自分が何を為し何を成すのか思い悩み、がむしゃらに跪く若い同僚がいた。朝は早かったがボサボサ頭でギターを背負って出勤し、自席で朝食のパンを齧りながら、まるで怒りをぶつけるかのようにパソコンのキーボードを強くたたいていた。職員会議で提案される彼の起案文書は、とても緻密で説得力があったが、なかなか共感を得ることができず、そのことが彼の情熱を怒りにも似た感情に変え、孤独に闘っていた。その彼が、様々な経験を重ね、自己実現力を高め、遂にこのような本を出すまでに変容した。最近、彼の仕事についての様々な紹介記事を目にするようになった。思いを同じくする仲間とともに、彼はいつも微笑んでいる。もう以前のような「孤独」や「怒り」を彼の中に見つけることはできない。これほどまでに、先生ライフとは魅力的なのである。Work Life Balance? NO! NO! Work as Life!

2章

「東京あるある」から見える良さと課題と解決策

学校あるある

夜遅くまで仕事をしてしまう

遅くまで仕事をして満足してしまうんです

若い頃、特に初任者時代は夜遅くまで残っていることが美徳とされていました。

若いときの苦労は買ってでもせよ。この格言というか、教訓にずいぶん縛られました。同じようなエピソードをもつ、同世代の先生仲間に会うと話が盛り上がります。

人生という長いスパンで捉えたときに、無駄な経験はないというのが私の人生観です。

しかし当時は、夜遅くまで残っていると先輩や管理職からほめられたのです。そうすると、まあ、やることもあまりないけれども、とにかく遅くまで学校に残っている。このルーティンがしばらくの間続きました。

このエピソードからも伝わったと思いますが、東京都の教員の残業時間は全国的に見ても長いです。令和4年度の調査によると、都内の小学校教員の約64・5％は月45時間を超える残業を行っています。中学校教員はもっと多いです。

目的もなく、一心不乱にただ事務処理をして残っていた過去の自分……

安宅和人著『イシューからはじめよ――知的生産の「シンプルな本質」』（英治出版）では、これを**「犬の道」**と呼んでいます。

ここで絶対にやってはならないのが、「一心不乱に大量の仕事をして右上に行こうとする」ことだ。「労働量によって上にいき、左回りで右上に到達しよう」というこのアプローチを僕は「犬の道」と呼んでいる。

人生の時間は限られています。その時間の中でいかに自分が納得して成長できるか？働き方改革というワードが出てきて久しいですが、質の高い成長をしていくことは可能だと感じます。

朝型が教師には合う！

子育て世代真っ只中の私にとって、一番ゆとりをもって活動ができる時間は、朝です。それも早朝です。夜は早く寝る！これは鉄則です。

朝の出勤時間はどんな学校も大体決まっています。東京都では大体8時30分前後に始業時間が設定されていることが多いようです。この時間をゴールに自分で朝の活動時間を設定します。夜に仕事をしたり、学んだりすると削られてしまうのは睡眠時間。睡眠を削ると自分の仕事、いやいや人生のパフォーマンスも下げてしまいます。

ある研究によると短時間睡眠を続けている場合、お酒をたくさん飲んだ二日酔いと同じ状態に陥ってしまうそうです。仕事の判断力も鈍ってしまいますよね。

マシュー・ウォーカー著、桜田直美訳『睡眠こそ最強の解決策である』（ＳＢクリエイティブ）では、次のように述べています。

最新の研究によって、睡眠は心身の健康を保つ最強の薬だということが明らかになった。母なる自然が与えてくれたもっとも効果的な「死なない方法」である。

自分に余裕がなくなると、どうしても子どもたちにきつい指導をしてしまう。その後、自己嫌悪に陥る……という負のループを経験しました。自分にとって苦い思い出です。

しっかり睡眠を取って元気に子どもたちと接するには、夜は早く寝て、朝は早く起きて仕事や勉強をする。これが一番です。

最初はきついですが、5日続いたら、何か自分にご褒美をあげる、などをして習慣化してしまいましょう（最近は少し高いアイスクリームを食べています）。

朝起きて少し時間が経ってからの方が脳の働きは良くなるそうです。色々なアイデアを考えたり、クリエイティブな活動をしたりするのに向いています。

早起きは三文の徳。昔の人はよく言ったものです。

習慣化をキーワードに生活する

『心が変われば態度が変わる。態度が変われば行動が変わる。行動が変われば習慣が変わる。習慣が変われば人格が変わる。人格が変われば、運命が変わる。運命が変われば、人生が変わる。』プロ野球の名将、故・野村克也さんの言葉です。

つい3年前まで、私は毎日続けている良い習慣がありませんでした。習慣が人を変える。その事実を実感したのはある方と出会ったからです。

同じく東京都で教員をされている二川佳祐《ふたかわけいすけ》先生です。

彼の運営する習慣化コミュニティに「えいやっ！」と入ってみたこと。これが私の人生を大きく変えてくれました。

そしてたくさんの仲間と出会いました。東京都の教員仲間とも交流しています。コミュニティで対話を繰り返し、気付くことがありました。

・習慣化は誰にでもできること
・仲間の伴走が心強いこと
・記録（日記）を付けることで達成感を味わえること
・無理のない範囲で始めること
・定期的に自分の習慣化をアウトプットすること

そして習慣化は人生の価値を高めてくれる。
本当に感謝しています。

遅くまで仕事をする習慣でなく、朝早くから自分がやってみたいと思うことをリストアップして、かる～く始めることをおススメします。
私は日記を付けることから始めました。そろそろ１０００日目です。

自分が変われば大記録をつくれます。

仕事の満足度が、どこにあるのか探してみる

仕事の達成感や満足度で考えたときに、全く逆を考えます。つまり一番満足できない仕事とは何か。それは、自分に決定権がない仕事です。例えば、上司からのトップダウン、しかも根拠を説明されず、とにかく「やりなさい」と指示される仕事。

かの有名な、古代ギリシャの哲学者アリストテレスは、仕事についてこう述べました。

> 「仕事は唯一の楽しいことであり、それだけで完全な満足感が得られるのは、仕事しかない」
>
> もちろんここで言っているのは自分で自由に選んだやりたい仕事のことであり、自分の能力を発揮するだけでなく、そこからまた新たな能力がうまれるような仕事のことである。
>
> ここでもおとなしく言われるままになることではなく、自ら行動することが重要なのだ。

自分の仕事を振り返ると、自分で構成を考えた組体操、自分の教育観を込めた研究授業、悩んだ末に子どもたちへの対応を考え、実践し、それがうまくいったエピソード、などが思い浮かびました。

達成感・満足感がある仕事は印象深い仕事です。そしてそこには、必ず自分の決定権や選択権がありました。

皆さんはいかがでしょうか。

自分の仕事の達成感をどこに求めたら良いのかを考えるとき、自分の選択権が多いのか少ないのかを振り返ることが一つの目安になります。

まず、書き出してみましょう。学年団や職員室でやってみても面白いですね。

夏休みなどの長期休みの期間にみんなで仕事の満足度について対話してみると、相手のことが理解でき、信頼関係が深まるかもしれません。

学校あるある
保護者対応が大変

保護者対応が大変

1章でもお話ししました東京都の特色に、受験競争の激しさがありました。また、全国のデータと同様に、東京都でも不登校児童・生徒は増加しており、令和4年度には、小学校で10695人、中学校では16217人に上っています。また、過剰な苦情や不当な要求も増え、いじめの認知件数も増えています。東京都の保護者対応もなかなか大変！と言わざるを得ない状況になっています。先生の仕事としては一番心と時間の労力がかかる分野です。

若手の頃のエピソードを話します。当時は、学級連絡網がありました（今はなくなっている学校も多いですね）。

そこに、私の携帯電話番号を載せてしまっていたのです。

今思うと、「おおっ！かなり大胆！」、個人情報丸出しです。

ある日の金曜日、若かった私は、同世代の方と週末の楽しい飲み会をしておりました。

午後10時30分頃に携帯電話の着信があり、出てみると保護者の方でした。

「娘の友達関係がどうしてもうまくいかなくて。この時間でいけないと思っているのですが、つい電話してしまいました」

わかります。お子さんの不安は家族の不安です。

週末を迎える前に、安心しておきたい気持ち。そして私はまだ若手の教員です。ベテランの先生と比べると電話をかけやすいですよね。

その場で話を聞き、もちろん悩みを聞けて、私もとりあえず安心して、飲み会に戻りましたが、仕事を忘れるために楽しんでいた時間でした。急にまた仕事に戻されてしまった気分になり、ご家族のためになったと安心した気持ちと、自分にはプライベートがないという葛藤で何とも言えないもやもやを抱えた週末になりました。

これに関しては、平成時代の教育の課題点が浮き彫りになっていると感じます。確実に学校がサービス産業化してしまいました。保護者の満足度を上げるためにはどうしたら良いか？に焦点を絞りすぎてしまった結果なのかもしれません。

学校教育の質は、外部からの評価なども参考にしつつ、ブラッシュアップしていくことで保たれている事実があります。

ステークホルダーがあってこそ、成果ははっきりしていくものです。しかし、**「学校」は「企業」ではありません。**

純粋に利益を生み出すというよりは、**子どもたちが幸せに生きる力を身に付けられたかどうかが、一つの結果といえるのではないでしょうか。**

しかし、教育の成果を見取っていくのは難しいです。10年単位、長い視点で考えなければなりません。

今できるのは、しっかりと未来を見据えながら、今の教育を更新していくことです。学校にとっては、地域と保護者、教員ができる限り対等な力関係で、教育を進めるのが理想ですね。

地域教育と家庭教育と学校教育は、似て非なるものです。そして、それぞれが**お互いを理解するには「対話」が重要**になってきます。

自分も子どもをもつ一保護者です。その視点をもって、保護者との関わり方、対応策をいくつか挙げてみます。

①　子どもに悲しい思いをさせたまま下校させない。子どもが家に帰る前に指導のいきさつ、一日のストーリーを保護者に伝えておく。

②　保護者に会ったときには挨拶プラスその子の良いところを必ず伝えておく。

③　情報を開示できるところは積極的に伝えていく。

④　保護者との共通項を探し、自分の考えを伝えていく。

この4点を意識して保護者との絆を深めていきます。

補足すると①と②はわりと簡単ですが、③と④は相手に合わせて判断する場面が多いので、たくさんトライして経験をしていくのも大切です。

その際、失敗も自分を成長させてくれる糧になることを自分に言い聞かせて取り組めると、落ち着いて保護者の方と繋がれるようになっていきます。

組織としての保護者対応

初期対応で収束しないクレームに対しては、チームとして対応していきます。

この対応段階になると、「自分のせいでこじれてしまった……」と自分を責める先生がいます。

これは大きな間違いです。**決して自分を責めるようなことはしないでください。**

学校という組織がより強固になっていくためには、ある程度のクレーム、トラブルが欠かせない！これが私の考えです。

ピンチはチャンス。このプロセスから何を学ぶか。

一見発想の転換？に見えますが、チームとして保護者対応を経験することで、仲間意識が生まれ、次に同じようなケースが起きた場合、迅速に対応できるようになります。

そして、結果がすべてではないですが、うまく保護者と気持ちが繋がったときには、かなり大きな達成感を得られます。

色々あった保護者の方から、お子さんの卒業のとき、「あのときは、本当にお世話になりました」と感謝の言葉をいただき、言葉にできない気持ちが込み上げた経験があります。何度も反芻してしまうほどの感動がありました。

当時の自分の努力が報われたのと同時に、「あのときもう少しこうしてあげていたら、もっと早い段階で解決したのでは……」と失敗をプラスに振り返ることもできました。

人と人は、やはり話し合って、わかり合うしかない。そう思えた瞬間でした。

では、具体的に組織としての対応はどうすべきか？という点について、私がよく押さえるポイントを紹介します。

1　何のために話し合うかの共有
2　話し合いの終着点はどこかを明確にしておく
3　どう進めていくのかパターンの作成
4　チームの役割分担
5　今後の家庭との連携の仕方（前向きなものにする）
6　話し合いが終わったときにチームのメンバーをしっかり労う（結果ではなく、話し合いのプロセスでメンバーの頑張りを評価）

まず、この話し合いは何のためにするのかをはっきりさせます。

ここでは、保護者の主張と学校の考えが必ずしも一致しません。

まずは、お子さんのため（内容は将来、今後などざっくりさせておきます）の話し合いをみんなで進めることの共通理解をします。

そして話し合いの終着点をはっきりさせます。

例えば、お子さん同士、ご家庭同士のトラブルならば、双方が謝罪する案件なのか、片方が謝罪し、場合によっては補償する必要がある案件なのか、学校としてどこまで求めるのかなどです。

この際、必ず保護者の立場で考えてみます。客観的な視点をもつことが大切です。

「自分が親だったら、相手の親だったら……」などです。**子育て経験がなくても、みんなで対話することで、かなり深く話し合いはできます。事前にみんなでミーティングすると良いです。**そして、保護者の気持ちを理解することで、自分の今後の教育観も広がっていきます。

さらに**重要なのが役割分担**です。保護者が父母2名だったら、3～4名を目安にします。

この場合、担任は、保護者の気持ちに寄り添い、事実を述べる役。ファシリテーターは学年主任もしくは生活指導主任。相手を納得させるのは管理職といったところでしょうか。副校長先生、校長先生の話に納得する保護者は多いです。管理職の先生の話術はすごい！という印象を若い頃からもっていました。

そして、最後は子どものために！で気持ちをそろえたいと思います。ここが学校・家庭の最終ゴールではないでしょうか。

そうありたいです。

忘れてはいけないのが、チームのメンバーをしっかり労うこと、自分より年下の先生はきっと自分よりも大きいストレスや緊張感を味わっていたことでしょう。しっかりほぐして、労ってあげる。これが、チームとして成長する大切なプロセスです。これを参考に自分は、チームとして保護者の皆さんと対話をしてきました。

保護者対応は、一人の問題にせず、教員チームの仲間とともに歩む。対話をし、お互いを必要とできるか。自分に問い続けることが大切です。

学校あるある

職員室の人間関係に悩む

職員室の人間関係

いつの時代も、どの仕事でも、もしくはどのクラスでも、人間関係で頭を悩ませない人はいないです。

東京都でも、職員室内の人間関係における課題が多く存在します。課題解決に向けて、東京都の若手教員を対象にアンケートを行い、職場環境改善のための具体的な取り組みを進めています。取り組みの一環として、東京都教育委員会は、コミュニケーションガイドブックを作成、配布しています。

エピソードを一つ紹介します。若い頃こんなことをよく言われました。

「黙って、時が過ぎるのを待つ」

「言われた通りのことだけやればいい」

「相手とはうまくやりなさい」

職場に緊張感を生まないためにも、揉め事はもちろん起こさない方がいいです。

しかし、いつも我慢するのは若手、年下、立場の弱い人です。

『リーダーは話し方が９割』（すばる舎）の著者永松茂久さんはこう定義付けています。


人は環境の生き物です。どんな場所にいるか、どんな人と過ごすのかで大きく自分のスタイルを変えていきます。環境にうまく適応できているのです。

この法則を「凹凸の法則」と表現しています。

凹凸の法則で言えば、凸と凸がぶつかると、だんだん片方が凹になっていくのです。そして、下の立場の人がやむをえずに凹になることがほとんどです。


自分の体験にも当てはまる！そう思いました。

皆さんの職場は若手がなかなか意見を言えない状況はありませんか。

年上や立場が上の方の意見が強い職場では、この傾向が顕著に見られるでしょう。

職員室の理想は「対等、平等、公正、公平！！」と言いたいところですが、なかなかその通りにはなりません。

年齢による経験の差、教諭、主任教諭、主幹教諭、副校長、校長という立場の差、さらに教務主任、生活指導主任、研究主任、学年主任などの責任の差、すべてを平等にするのは、不可能ですね。校長先生と初任者が対等に意見交換するのも、なかなか難しいかもしれませんが、「公正」と「公平」は、職場内を円滑にするのに、大切な考え方だと思っています。

公正…偏らず正義感をもってふさわしい対応をする。

公平…偏らず、えこひいきのないこと。

この二つが意識されている職場を目指したいものです。今までも教務主幹として、この公正・公平をもとに行動していこうと努力しました。

しかし、人間関係はなかなか思うようになりません。

あーでもない、こーでもないと考えたり、学んだりました。

実践を重ねるとあることに気付きました。いくつかポイントがあるのです。

1 情報を公平に扱う

お互い疑心暗鬼になったり、不安になったりするのは、一部の人がある情報を握っていて、それをもとに内輪のグループをつくってしまうことにある。こう思いました。

これは学級でも同じことが言えます。

「ねー教えてよー」

「何て言ってたの」

「え、そんなことになってたの」

「それは知らなかった」

高学年女子の間で、こんなやり取りが増え始めたら、黄色信号です。お互いを不安視して、仲は悪くなる一方でしょう。

街で見かける「明朗会計の店」とはよく言ったものです。安心感をもって食事が楽しめます。それは情報が明らかで、信頼性があるからです。みんなが同じ情報を知っている場所は安心です。みんなに共有できる情報は積極的に開示していきました。

2　評価の公正

教務主幹をしながら学級経営をこなしていくと、学校の中ではかなり圧力のある存在になっていきます。自分の一挙手一投足が職員の皆さんの目に入ります。

自分と相性の合う先生や後輩ばかりをほめていたら、職場の中に偏りが生まれてしまいます。人は誰しも認められることで、意欲を高めます。つまり他者承認ですね。それを積み重ね、自己重要感は高まります。

そして、チームの中で、お互いを承認し合ったら、雰囲気は明るくなり、健全な職場環境になるでしょう。

スタートは、管理職や、私のような主幹教諭です。職場の雰囲気を左右する大切なポストだと実感しつつ働いています。

3　人付き合いの公正・公平

職場の中では、相性が合わない人もいるでしょう。

人間だから当たり前です。

（でも、お金をもらっているから、我慢我慢。いないものとして……。）

これでは、人間関係での学びを失っています。

どんな人とも挨拶を交わし、下の年代の人にも敬語を使っていく。

私も完璧にはできません（笑）。しかし、**みんなと公正・公平に関わろうとする姿勢が一番大切なのではないか。そう気付きました。**

姿勢を見せることは自分の気持ちや覚悟を見せることと同じです。少し古い言い方かもしれませんが、背中を見せることも大切です。

全員ではないでしょうが、必ずその姿を見てくれる仲間はいます。

この三つを柱にして、自分の役割を意識し、職員室づくりをしています。

皆さんはどうでしょうか。

環境を変えるには、まず自分から変わる。

ぜひチャレンジしてください！

地域あるある

通勤時間が長い!?

東京都の先生の通勤事情

東京都の公立学校定期異動実施要項の中では、教員の通勤時間は１２０分を上限とし、60～90分を標準と定めて、勤務校の配置は決められていきます。

そして、都立学校に勤務する職員の自家用自動車による通勤に関する取扱要領では、自家用車による通勤は原則禁止になっています。

特例として、通勤が困難でかつ、校長が申請を許可した場合は自家用車で通勤できます。島しょ地域では自家用車で通勤している先生が多いです。車がないと通えない地域の方もいます。

それに比べて、23区の中心部は交通網が発達しており、公共交通機関でどこへでも行けてしまいます。車をもつことへの費用対効果が低く、生活に車が必要ないと考える方もいます。車ってランニングコストがかかります……。都内の駐車場代はとても高いです。そして狭い道が多い。

この話題について、他の道府県の方々と話していると、「東京の交通網はすごいんだな」と実感します。

びっくりしたのは、北海道！

北海道では、管轄地区内の異動先があまりにも遠いため、引っ越しをしなければならないこともあるそうです。家をもてない方もいるとか。

1章でも話をしましたが、文化の違いは、自分を知るために不可欠。比較対象がないとわからないことがたくさんあります。

前述した公共交通機関にもデメリットがあります。通勤ラッシュです。60～90分も混雑した車内で過ごすのはストレスフルです。

できれば自宅近くに異動したいと思う人は多いです。特に子育て世代は通勤時間が短いことが必須ではないでしょうか。

東京都にはフレックスタイム制度があり、勤務時間を通勤ラッシュからずらすことができます。しかし、利用者は少なく、まだまだ浸透していません。これは、フレックス用に会議の設定や始業が柔軟でないのとサポート体制が確立されていないためです。今後、組織の理解とシステムの構築が必要です。

子育て世代には、保育特例があり、子育てに関して条件を満たすと、自宅近くの学校へ異動することもできます。様々なライフプランの先生の働き方を保障していくのは大切なことです。

子どもが小さいときは本当に時間がない！

長い通勤時間を工夫している先生もいます。読書の時間に充てたり、スマホで映画やアニメなどの動画を鑑賞し、趣味の時間としたりしています。

遠い距離を自転車通勤にして、健康増進に取り組むアスリート先生もいます（ちなみに私はランニングで通勤しています。１日約40分は走っています。笑）。

東京都ではなく、他県にお住まいで、そこから通っている先生もいます。若い先生は他県の実家から通ったり、ある先生はコスパの良さから他県に家を建てて通勤したり、様々です。

都内には約１２００校もの小学校があります。皆さんそれぞれのやり方で通勤し、子どもたちの前で日々奮闘していると思うと、「自分も頑張ろう！」と力が湧いてきます。仲間がいると思うと心強いです。

ちなみに通勤経路は申告した通りに通勤しないと服務事故です。通勤手当をいただいていますから。公務員あるあるでした。

地域あるある

地域行事の減少と関わり方が変化している

地域行事と学校

地域における学校の役割とは何でしょうか？　そして地域との連携をどうしていくべきか？　文科省は時代の変化に伴う学校と地域の在り方について、

> 学校は、（略）地域コミュニティの拠点として、地域の将来の担い手となる人材を育成する役割を果たしていかなければならない。

と述べています。

地域と学校を切り離して、教育は語れないということです。

東京都杉並区立和田中学校で民間初の校長先生になり、「よのなか科」の推進や地域活性化の手段としての「地域本部」を学内につくった藤原和博さんは「生涯学習と学校教育の融合が図られなければならないし、「地域本部」の創成こそ、新しい時代の「公共事業」だと私は国会でも主張してきました」と「映画『和田中の1000日』から感じ取ってほしいこと！」の中で述べています。

地域行事の中に子どもたち、先生が関わっていくことは地域と学校を繋ぐだけでなく、子どもたちの社会的なスキルやコミュニティ意識を育みます。

2024年時点で、東京都にはコミュニティスクール（学校運営協議会を設置する学校）が約900校あります。地域と学校が協力して、子どもたちの教育活動を充実させ、子どもたちの成長を地域全体で支えていこうという特徴をもっています。

学校運営の風通しを良くするのにも繋がるでしょう。今後、もっと増えていくかもしれません。

地域行事は教育において大切な役割を担っている

私が子どもの頃は、朝のラジオ体操や子ども会という集まりがあり、地域の大人、保護者と子どもたちでよくイベントをしました。夏の朝焼けを見ながら、近くの公園まで歩き、まだひんやりした風を受けて、ラジオ体操をし、友達と楽しく会話した思い出があります。地域を歩けば、知っている人も多かったです。怖そうなおじさんが、ボランティア清掃をしていて、人は見かけによらないものだと学んだ記憶もあります。先生は参加していませんでした。

子ども神輿をかつぐお祭り（かけ声がなぜか色々）や、クリスマス会（プレゼント交換）、地域清掃（お菓子がもらえる）などのイベントがあり、子どもたちにも仕事の分担がありました。

当時は先生や親以外の大人にほめられるのはすごく嬉しかったし、自分の自信になりました。ちょっと年上の先輩に認めてもらったり、しっかり働く先輩たちへの憧れがあったり、それが伝統を繋げていたのかもしれません。子どもながらに誇りがありました。

東京都の小学校の多くは縦割りグループ活動をしています。1年生から6年生がグループに分かれて、遊んだり、活動をしたりします。しかし、地域の大人との関わりは少ないです。

「交流→発展・成長」は学校教育に欠かせないと思っています。地域行事は必要です。しかし、時代とともに地域行事は減ってきています。背景には、少子高齢化や過疎化と都市化、保護者や子どもたちの忙しい生活スタイル、経済的な理由、安全性への懸念など、様々な要因が絡み合っています。

人が減っていることで、コミュニティは希薄になり、予算や安全面でも課題が出てきます。個人主義の色合いが強まった現代において、地域行事の必要性は薄まっています。地域行事がなくても困らない人が昔より増えている気がします。

勤務校の地域の皆さんから、高齢化や人手不足に頭を悩ませているという話も伺いました。**「地域行事、大切なのはわかっているんだけれども……。」**

私たちにとって地域行事は、生活の中でどういう位置付けになるか？　地域の担い手を育てることはなぜ大切なのか？　学校を中心に地域を巻き込んで対話していきたいです。

地域あるある

様々な団体の在り方・関わり方が変化している

PTAって何?

最近、メディアでもよく取り上げられているPTAですが、歴史は古く、戦後の1946年からGHQ、文部省を通して全国に広まっていったとされています。アメリカの民主化政策の一つとして考えられていました。

内容としては、運動会や展覧会、バザーや模擬店など、学校行事や地域のイベントの運営やお手伝い、廃品やベルマークを回収して学校に必要な物を購入、子どもの安全や防犯のための地域パトロール、学校やPTAの広報活動が主になっていると思います。

PTAとは、P=Parent（保護者）、T=Teacher（先生）、A=Association（組織）の

略です。本来の意義は、子どもたちの健やかな成長のために、親（Parent）と先生（Teacher）だけでなく、家庭、学校、地域社会がお互いに協力し合って様々な活動を行う集まりです。

取り組みとしては素晴らしいし、意義を考えただけでも、必要な組織だと、個人的には感じています。

ただし、その活動時間が概ね平日昼間であったり、仕事量の多さだったりが、巷で問題になっている原因だと感じます。平日の昼間に働いている保護者の方が参加するのはかなりの負担です。そして、保護者同士の人間関係トラブルがこれに加わると、「何のために時間を費やしているのかわからない」といった気持ちになるのもうなずけます。

では、なくしてしまう方がいいのか？

ＰＴＡをなくしたことで、情報の共有が得られず、人間関係が希薄になり、子ども同士のトラブルの解決に時間がかかってしまった例もあるようです。お互いに顔や気心を知っているからこそ、トラブルがトラブルでなくなる。

新しい時代のＰＴＡ活動をみんなで考えていく時期にきているのは確実です。

青少協って？

学校は地域と連携を図りながら成り立っています。

自治体によって名称や活動内容が異なっていますが、青少協は子どもたち（青少年）が夢と希望をもって自立や自己実現ができるように、また、社会貢献への意欲を高められるように、環境づくりをしていく組織といえます。

東京都では、以前は青少年問題協議会という名称だったのが、青少年健全育成協議会と変更する自治体もあり、子どもたちの今に目を向けて活動しています。

青少協と地区委員会が分かれている自治体もあれば、青少協と地区委員会が合わさって活動している地域もあります。

また、補助金が出たり、市長の付属機関だったり、様々ですが、活動されている方々はボランティアが多く、地域の子どもたちの育成について尽力されています。

知り合いの青少協の方に取材してみると、青少協の活動を通して、先輩たちからの意志を受け継ぐ責任感や、土地への愛着、生き方や社会参画の仕方などを学んだそうです。何より子どもたちからエネルギーをもらっているという気持ちが生まれてくるとおっしゃっていました。

「お金に換えられない、教育観や、人生観に気付く瞬間は、地域の皆さんとの関わりに存在する」という考え方もあるのではないでしょうか。

私は、ＰＴＡソフトボールに参加して、年上のお父さんたちと関わりました。人生の先輩たちの仕事に向き合う姿勢、仲間を大切にする絆、社会人としての振る舞いなどを学ばせていただきました。

ソフトボールの試合の帰り道に車の中で、ＰＴＡのお父さんに、「先生、若いんだから、思いきり自分の思うように仕事をやっていいんだよ」と声をかけていただきました。その言葉は今でも忘れられないです。

１年目の自分の授業なんて、今の十分の一もできていません。そんな中、温かい言葉をかけていただいて、「授業力よりもっと大切なものが、教育の原点ではないだろうか」と自分に問いかけたことを覚えています。

不安なときに、保護者の方に認めていただくことで、若い先生は成長できるのかもしれません。

学校評議員って？

学校評議員制度は、平成10年9月、中央教育審議会の答申「今後の地方教育行政の在り方について」を受けて、地域住民の学校運営への参画の仕組みを新たに制度的に位置付けたものです。

学校評議員制度は、校長の求めに応じて、評議員が意見を伝え、それを校長が学校運営に生かす、という流れになっていました。後に制度化された学校運営協議会は、委員の方々の意見はより大きな権限をもち、学校運営をともに参画していく役割を担っています。

学校評議員制度は平成12年度に、学校運営協議会は平成17年度に制度が導入されました。令和6年度現在、東京都では全体のおよそ50％の９００校程度が学校運営協議会を設置しています。令和5年度から比べると、およそ１２０校ほど増えており、そのニーズが高まっていると考えられます。

なぜ、このような制度ができたのかは、私が初任者の頃によく聞いていた「開かれた学校」というワードがきっかけになっていると感じます。

隣のクラスが何をやっているのかわからない。その言葉を職員室で聞いた経験があります。人間が一番不安を感じるのは未知のものです。見えないわからないものに対して、人間は恐怖を抱きます。

昔から（今でも……）学校は噂に左右されます。

「あのクラスこんなことがあったらしいよ」

「あの先生実は……」

なんて噂が飛び交うと、学級経営は要注意時期です。そんな学級が増えた学校は運営が苦しくなっていきます。みんなが安心して通える学校、それは情報が正しく可視化されている学校です。この正しくというのが大切なのです。

意図していない受け取り方をされる保護者の方もいらっしゃいますので、情報の発信には気を使います。経験上、結構尾を引く心のダメージを受けたこともあります。何でもかんでも正直に発信するのが良いわけではありません。学校はプライバシーや人権も守る機関だという事実があります。

これが「開かれた学校」の難しいところです。

情報の可視化、共有は、地域・保護者と連携していく上ではかなり重要です。

勉強会あるある

校内研究・教師道場で学ぶ

一番身近な校内研究で学ぶ

一番身近な勉強の場、それは校内で研究を深める校内研究の時間です。初任者のときに多くの先生方と研究テーマに向かって頭も顔も突き合わせて時間を過ごしたのが、教員になって一番初めの学びの機会になりました。

校内研究といっても形態、回数、テーマなど、学校によってかなり違いがあります。東京都には、年間24回で全員が研究授業をする学校もあれば、年間4回の研究授業でスリム化を図る学校もあります。

どちらがいいとは一概にいえませんが、「どんな学校にしたいか、自分たちはどうなっていきたいか」というのが大切な視点だと思います。

私が初任者のときは、話の内容に何とかついていっていましたが、途中眠くなることもしばしばありました。子どもたちとの時間にエネルギーを使い果たし、会議では電池切れを起こしていました。

東京都の自治体では数年に1回、区市町村の中で研究発表の担当が回ってきます。近隣や自治体内の学校に向けて、校内研究の成果や過程を発表します（東京都内に向けて研究発表をする機会もあります）。

その研究発表会の年の先生方のエネルギーはすさまじく、地区の担当になった年に学んだことは今でも自分の基礎になっています。授業づくりについて学びますが、イベント運営や連絡、礼節など、多方面での学びがありました。

校内研究の授業者を引き受けることは、授業力向上のためのいいチャンスです。学年団や小グループのチームで教材研究し、普段から身近にいる同僚と意見交換できる機会が生まれます。授業者となった自分の頑張りを、管理職も含め、多くの人が応援して、価値付けてくれます。

協議会では、授業者自評をしたり、分科会提案をしたり、学んだことを言語化するチャンスがたくさんあります。新しい校内研究の形を後の項でお話ししますが、校内研究の良さは、みんなで学び合える時間と場が設定されていることです。チャンスがあったら、授業者に！なることをおススメします。みんなに授業を見られるので緊張しますが、プラスになります！

さて、私自身校内研究の研究主任を6回経験させてもらいました。教務主任として学校運営に尽力もしましたが、もしかしたら、研究主任が一番クリエイティブであり、組織の動かし方を学べるポジションかもしれません。

校内研究は学校の実態を捉え、教員チームのやりたいことを整頓し、学校としてどんな教育テーマを掲げ、どんな児童を育てたいのか？を考えていきます。

管理職がテーマにしたい方向性と、実際に教員チームのやりたいことは距離がある場合が多いです。これを調整していくのが課題になりますし、まああしんどいです。しかし、しんどいことに、学びの種が散らばっているのも事実です。マイナスの課題をどうプラスの学びに変えていくか。

この組織運営については人間関係あるあるでもお話しします。

エピソードを一つお話しします。ある学校で私の後に研究主任を担当した先生が、「内海さんって研究主任として、色々なことにチャレンジして、気配りしていたんだね」と伝えてくれました。頑張っていた自分が報われた一言でした。みんなの気付いていないところで、みんなのために働くってなんかカッコいいと思いませんか。

授業者だけでなく、様々な立場でも学びがあるのが校内研究です。

まずは、自分の一番身近な学びの場を充実させていくアクションを起こしていきましょう。

自分の教育観の基礎になっていきます。

教師道場という制度がある

東京都教育委員会が主催する教員向けの研修プログラムに「教師道場」というものがあります。経験年数4~10年目の若手教員の育成をねらいとしており、各教科に分かれて、指導力や授業力を高めていくプログラムです。

各校、1~2名程度、管理職に希望を伝え、申請し、承認された先生が受講できます。毎年リーダーは約100名、道場生は約400名選抜されます。

それぞれ教科ごとに複数の班をつくります。各班にはリーダーを務める経験豊富なメンターがおり、道場生は、4~5名の若手教員で構成されます。それぞれの道場生の勤務校はバラバラで、西から東まで広範囲で交流することになります。

2年間で1サイクルすべてのプログラムを経験すると、教師道場修了になります。

月に1回程度、研究授業が行われ、年間12回×2年間の中で、一人が授業をするのは、

3回くらいです。

指導案の作成から、授業の進め方、子どもの見取り、発問、指導技術の向上についてかなり専門的な知識や経験を獲得できるのがこのプログラムの強みです。

チームでの長期間にわたる定期的な研究会は、指導技術を高めるだけでなく、仲間同士の同僚性も醸成します。絆が深まります。


道場修了後も交流する道場生や、同じ教科の研究をしているのでまた区市教研で一緒になる道場生もいるようです。

このような制度を利用して、自分から学んでいくこともできます。

他道府県にも同じような制度はあるのでしょうか。若手・中堅教員の育成は全国的にも課題になっているのかもしれません。

自分はタイミングが合わず道場生にはなれませんでしたが、経験者の話を伺うと、専門性を高めるには最適だと感じました。同じ教科で交流し、様々な学校を参観し、風土に触れ、また、リーダーの教育観にも触れられる教師道場の制度はブラッシュアップされながら、今後も続いていってほしいです。

勉強会あるある

多種多様な勉強会が開催されている

自分から選んでいく勉強会って？

東京都には様々な勉強会があります。東京都に申請して予算をもらいながら、研究会を運営している団体は160以上です。私的な研究団体を含めるともっと多いでしょう。それだけ、学び交流することは、先生にとって必要なのです。定期的に学べる場があると、自分の授業力の向上を実感し、学級経営にも自信がもてるようになります。

同僚の先生の繋がりや伝手を頼って、勉強会に参加する方法はハードルが低く、おススメです。知っている人と一緒だと、安心感があり、緊張感も和らぎます。また、同行してくれる同僚の先生から、勉強会の前情報を聞いておくとスムーズに会に参加できます。

私も定期的に勉強会に参加しているので、その様子をご紹介します。

勉強会の流れ（例）

1　受付
名札に名前を書いたり、会費を支払ったり、また、講師の先生の著書を買っておくと会に参加した以降も繋がりができます。そして、学びも深まる！
（笑顔でいると話しかけられやすくなる）

2　イントロダクション
講師、ファシリテーターからの話の後に、小グループならば、自己紹介をします。

3　基調講演（キーノートスピーチ）
その会を貫くテーマのお話など。私はメモをして、学びを記録していきます。

4　アクティビティやワークショップ
自分一人で取り組み、小グループで対話するものや、グループで取り組むものなど様々です。質問、疑問はどんどん共有し、参加者の皆さんの教育観に触れていきましょう。自分との違いに関心したり、発見したり、面白いと思うのが楽しみ方です。

5　休憩　歓談

知り合いがいないときは結構しんどい時間ですが、徐々に知り合いが増えてくると、世間話で盛り上がります。また、自分の名刺をつくっておくと初対面でも話が続いていきます。良い社会人勉強！名刺交換&写真撮影！仲良くなった人と写真を撮っておくと、SNSで繋がったときに送ることができます。

6　3もしくは4を繰り返す（場合もあります）

初めて参加したときは、だんだん場に慣れてくる自分に成長を感じ、嬉しくなりました。

7　質疑応答

大人数だとちょっと緊張しますが、少人数だったら思いきって疑問をぶつけてみましょう。自分の問いに答えてもらった会の記憶は鮮明に残ります。質問することでその会の学びにコミットメント（責任をもって自分で関わる）します。

8　アウトロ

写真撮影があれば積極的に参加！参加者の皆さんと繋がりが生まれます。

番外編
懇親会があれば積極的に参加！　講師の先生や参加者の皆さんと、グッと距離が縮まります。

９　学んだことをフィードバック（できればＳＮＳで発信）
子どもたちにも授業の最後に振り返りをしてもらいますが、大人も振り返りが大切！　ＳＮＳ発信だと文章に責任感が生まれ、その日の学びの記憶がさらに刻まれます。

以上を繰り返していくと、勉強会が好きになっていきます。たくさん参加するだけ、比較対象が増えて、自分の好みの勉強会もわかってきて、運営などもやりたくなるかもしれません。

昇進あるある

A選考、B選考……いずれの道でもドラマがある

学校長推薦と自らの選択

東京都の昇進制度について簡単に説明すると、まず、教諭として採用されて、次に主任教諭へと立場が変わっていきます。

各道府県を調べてみると、自治体によって違いがあり、年齢制限がある場合や論文試験のテーマなどそれぞれの特色があるようです。

東京都では、A選考（教育委員会経由）、B選考（現場、学校）という名称の管理職選考試験になっており、選択ができます。A選考であれば指導主事、B選考であれば主幹教

諭へと昇進していきます。

次に副校長、そして校長というのがゴールになってきます。その後、教育アドバイザーや、大学で教鞭をとる方もいらっしゃいます。どの昇進に際しても選考試験があり、基本的には、論文と面接をクリアしなければなりません。一部面接試験がないものもあります。

教諭から主任教諭への昇進理由でよく聞くのが、「今やっている仕事内容が、ほぼ主任教諭と変わらないから、主任教諭を受験します」というものです。

教員不足の現在、学校によっては、教諭の立場で学年主任や生活指導主任など、本来主任教諭が担う仕事を教諭がやらざるを得ない状況があります。話を聞くと、このような経緯で主任教諭を受験する先生が多いようです。

逆に教諭のままで試験を受けない先生もいます。何人かの先生にお話を伺いましたが、仕事量と子育て、介護などワークライフバランスで悩んでいる方がいました。

働き方については注目されるようになったとはいえ、家庭と仕事の間で、困っている先生方はまだまだ多いです。

さて、主任教諭から主幹教諭への昇進は、教諭から主任教諭への昇進とは意味合いが異なります。この道を受験するということは管理職になるという意思表示と捉えられるからです。

東京都では、主幹教諭になると大体の方が、教務主任を経験し（例外ももちろんありますが）、教務主任を経験している人は管理職試験を受けている印象があります。

主任教諭からA選考の指導主事の昇進ルートもあります。そのまま教育委員会で統括指導主事になる方、現場（学校）に主幹教諭として戻る方もいれば、副校長になる方もいます。また、授業を極めたい先生は指導教諭になるというルートもあります。改めて調べてみると、学校を支える役割は様々です。

教員としての自分の良さは何か。慌てずに探していきたいものです。

エピソードを一つ話します。私が主幹教諭になろうと思ったきっかけです。

先述しましたが、主幹教諭を受験するのは人生の大きな選択です。私の場合は……薦められたからです！

「これからの学校運営を担える人材になってほしい」と言っていただき、嬉しかった反面、責任を感じました。不安な気持ちになるときもありましたが、自分の人生に向き合えた！と今振り返ることができます。

自分の希望を主張するよりもまずは、粛々と言われたことをやりなさい。そう言われた思い出もあります。

さて、この昇進のエピソードで心に残るものがありました。

ある先生（B先生）が先輩（主幹教諭）にこう告げられたそうです。

「自分が異動した後は君がこの学校を守っていってくれ。そのために、主幹教諭の試験を受けてほしい！」

B先生は学校の風土に馴染めず、異動を考えていたそうですが、当時の先輩（主幹教諭）のこの一言が胸を打ち、昇進試験を受けることにしたそうです。

B先生、今では順調に管理職として仕事にやりがいをもち、働いています。

先輩の一言が人生を大きく変えたのです。

教育現場は子どもたちの未来だけに影響を与えるのではありません。

学校は先生たちの未来にも大きく関わるのです。

昇進あるある

様々な場で会うことが増えて仲間になる

昇進の扉をたたいてみれば、同じ仲間がそこには待っている

どの世界でもそうだと思いますが、キャリアアップに際して、同じ試験を受ける、同じ研修を受ける仲間が存在します。

前述しましたが、私の場合はB選考を受験しました。二年間にわたり、研修と選考試験を経験し、今は副校長要員として、次の異動先を待っています。

選考試験を受験することは人生の大きなイベントです。

孤独も感じますし、不安も感じます。

しかし、忘れていたことがありました。それは自分と同じ境遇の仲間たちの存在です。年間Ｂ選考試験を受けることに決めると研修期間と試験がスケジューリングされます。年間数回行われる対面研修では、全体講義やグループワークを行います。

保護者へのクレーム対応、校内の教職員トラブル、地域トラブルの対応など、ロールプレイしてみることでわかることがたくさんあり、勉強になりました。

クレームを受ける側の心情、守りの側である学校が相手を論破するのは難しく、どうしたら理解してもらえるかという、弱い立場になってしまいます。

何を信条にして教育活動を行っているのか、そういった自分の教育観をしっかりもつことでクレームに向き合うことができる、と感じました。

同じグループの皆さんも、それぞれ様々な経験をして、先生という仕事を一年一年積み上げてこられたのだと対話しながら感じました。

共感するとともに、何とも言えない気持ちにもなりました。

「みんな苦労しているな……」

楽な年は一年もないけれど、経験することでしか得られない経験知もあります。

研修では、グループワークをともにすると仲良くなります。休憩時間にも会話をしたり、対話をしたりしました。昇進への不安は消えていました。

そういえば、人生を振り返ると、高校受験や大学受験をともに経験した同期の中に今現在、親友と呼べる友達がいます。

皆さんはどうでしょうか。

同じ境遇や同じ苦労を味わった友達は親友になれる。同期という共通項が、親友としてのストーリーを彩ります。

共通項が多いほど信頼感は増します。

このような現象を共感効果（Empathy Effect）といいます。

共感効果（Empathy Effect）は、他者の感情や状況に共感し、理解しようとすることから生じる心理的および社会的な影響のことです。

不安だった選考試験も研修も、仲間とともに進むことで、やり遂げることができました。

不思議なものです。

次のステップの扉を開けると、また新しい世界、新しい仲間が待っている。

成長のチャンスには不安が付きものです。一定のストレスは、さらに伸びていくためには必要な要素になってきます。全く不安のない生活はありません。ストレスへの耐性を自分自身でどのように身に付けるか。私も日々悩みながら行動しています。一人で課題を解決するのは楽ではありません。仲間の存在が必要です。大切な仲間と支え合う経験をこれからも積んでいきたいです。

「同じ釜の飯を食う」とはよく言ったもので……。

人生の転機には、一生ともに苦楽を味わえる仲間に出会えるチャンスが転がっているかもしれません。

先生やってて嬉しいあるある

子どもの成長を間近で感じられる

何と言っても子どもたちの成長！

東京都内にお勤めの先生方何人かにインタビューさせていただきました。対話を重ねる中で、自分の教師生活も振り返ることができました。

皆さんに共通していたのは……

「子どもたちの成長が一番嬉しい。そして楽しみ！」でした。

子どもたち一人ひとりからもらったお手紙。忘れられません。

文章表現が豊かになった高学年の子も、「先生ありがとう！」と書いてくれた低学年の子も、どれも自分の心を支えてくれています。

あなたは先生をやっていていいんだよ。いてくれてありがとう！

お手紙をもらうたびに、温かい気持ちになれます。東京だけでなく、様々な地域の先生方も同じようなエピソードをおもちではないでしょうか。

若い頃、学級経営がうまくいかなくて、子どもたちや保護者の皆さん、同僚、管理職の先生に迷惑をかけたことがありました。

そんな中、かなり厳しい言葉で学級の女の子たちからお手紙をもらった経験があります。今でもそのお手紙は大切に持っています。その子どもたちの苦悩や葛藤を導けなかった。学級への期待を成就させてあげられなかった。

その悔しさが今の自分を支えているともいえます。子どもたちが成長していくその場面を教師は見届けることができる。良いことも悪いこともすべて子どもたちの成長のプロセスです。どのエピソードも、自分にとっては大切です。

子どもたちの成長に関わることのできる仕事。教師という仕事の素晴らしさを改めて感じます。

20代後半から30代は、体育の研究が楽しかったです。

自分が苦手だった器械運動の指導を学び、あるクラスで実践していたときのことです。クラスの半分以上の子どもたちが、逆上がりを苦手としていました。

技能ポイントを伝え、「できなくてもＯＫ！」「少しずつだけど取り組んでみよう！」と子どもたちの苦手意識をできるだけ生まないように、安心安全の場を保てるように声かけをしていました。

子どもたちの方が大人よりも、失敗することに敏感です。失敗してしまった子、成功した子、この違いは子どもたちの意識に強烈に残っていきます。

大人として、失敗からも学ぶことがあるという事実を価値付けて、子どもたちを導いてあげる必要があります。若い頃は、「やるしかないぞー！」のスパルタで子どもたちに嫌な思いをさせてしまっていたと思います……。

このように授業を重ねていくと、子どもたちが仲間同士で支え合い、いつしか休み時間にも練習し合うようになりました。

報告に来る嬉しそうな子どもたちに、価値付け（良かったね～そうなんだね～など、笑顔で傾聴）して、安心安全の雰囲気を保ち、見守っていました。

すると、子どもたちが放課後（放課後遊び）の時間まで練習を始めたのです！

これは体育の授業としては理想的で、体育→休み時間の遊び→放課後遊びという体育ゴールデンライン（私が名付けました笑）を辿ってくれたのです！

ある日のこと、「先生！できたよー！」と嬉しそうに報告が！

そのときの表情、教室の様子、忘れられません。

「教師になって良かった！」じんわり喜びが込み上げる瞬間でした。

報告に来てくれた子は、転校してしまいましたが、お別れの日にくれたお手紙には、「鉄棒ができるようになったのは先生のおかげだよ！」とさらっと書いてくれていました（このさらっと、がまたさわやかで胸を打ちます）。

もちろん、そのお手紙も大切に持っています。

子どもたちとともに人生を彩る。決して嬉しいことばかりではありませんが、人生を子どもたちから教わっている気がします。

出会ってくれた子どもたちみんなにありがとうを伝えたいです。

先生やってて嬉しいあるある

行事の達成感や四季を感じられる

行事の後の達成感、美しい四季とともに生きる

私は学校の先生ほど四季を鮮やかに美しく感じる仕事はないと思います。春の入学式から、次の春の卒業式まで、季節ごとのイベントで子どもたちは大きく成長していきます。

歴代、受けもったクラスの子どもたちは、運動会、学芸会、音楽会、展覧会、子ども祭り、遠足など、どれも心に残ったと伝えてくれました。その中で一番の人気だったのが移動教室という宿泊行事です。高学年の子どもたちにとって特別なイベントであるようです。

親元を離れ、自分の力で生きる力を磨く。しかも自然の中でです。毎回出発式と到着式の保護者の皆さんの表情が印象的で、出発式の心配そうな面持ち、到着式の笑顔、安堵の声、この違いを見ていつも「学校と家庭にとって価値のある大きな教育活動だな」と感じます。

東京都の宿泊行事は、近隣の奥多摩エリアなどの都内、山梨、神奈川、千葉、静岡など様々な場所で自治体や学校の特色に合わせて計画されています。私が今まで経験してきたのは、山の体験活動ならば、長野、山梨、神奈川など、海ならば、千葉、静岡あたりです。自治体によっては、その自治体が運営する自然の家で自然体験活動をすることも多いです。

初任校の八王子では、静岡県で水産業を学び、地引き網で取った魚を夕飯で食べたり、また、関東では定番の栃木県日光市の文化と自然に触れる学習をしたりしました。現在勤務している練馬区は、千葉県と長野県に自然の家があるので、そちらに行きます。

20年近く宿泊行事を経験していると、その学習の良さがわかってきます。子どもたちの感性は、大人の私に比べて豊かです。自分の手に取って、自分の目で見て、聞いて、経験した学びは、一生残っていくものです。

将来の仕事を決めるきっかけも、幼いときの体験がもとになっている場合が多い気がします。日本の一次産業の危機が叫ばれて久しいです。多くの子どもたちが産業の良さや抱えている課題に触れる体験をすることで、国の将来についても真剣に考えてくれることでしょう。教師にとっても大きなイベントです。

さて、心に残った2校目のエピソードです。

2校目に勤務していた武蔵野市のセカンドスクールは、7泊8日の移動教室を行っていました。ご家庭にとっては、お子さんがほぼ1週間家にいない状況です。心配ですよね。引率していく私たちも安全に学習が進むように綿密に計画して、判断を誤らないように毎日しっかりミーティングをしていました。各クラス8~9人の4グループで計12グループ、それぞれ民泊します。12の宿に約8人ずつなので、民泊のご家族と、子どもたちで大所帯になります。

1日目は不安そうにしていた子どもたちが、2日目、3日目と日増しにその土地に馴染んでいきます。安全確認や学習の把握に民泊をぐるぐる回るのですが、1日目はご飯ものどに通らなかった子が、3日目には「先生、井戸水でスイカ冷やしているよ」「五右衛門風呂ってこういう造りなんだ！」と自分が住む民泊の説明をしてくれるのです。

感動して涙が出そうになりました。本当に子どもってたくましいです。「普段自分たち教師が子どもの可能性を奪っていないか」そんな問いも生まれます。子どもたちの順応性に驚き、同時にもっと子どもたちの生きる力を信じてあげたいと思いました。

日中のプログラムで、稲刈り体験、枝打ち、ハイキング、地元の小学校と交流を経験し、夜は民泊でイベント、振り返り学習です。1週間、テレビもスマホもありません。情報がシャットダウンされた生活で、生き生きしていく子どもたちに考えさせられました。

お別れの前夜、それぞれバーベキューで楽しいときを過ごし、お別れの日の朝、村の広場で、お別れ式。バスに乗る直前に、「帰りたくない！」「ずっとここにいたい！」と涙する子どもたちを見守っていました。

「ありがとう……」と涙した子どもたちを自分の家族のように抱きしめる、宿泊先である利賀村の皆さん。そのシーンの中心は引率の先生ではありません。子どもたちと心温かい村の皆さんです。子どもたちが自然とともに様々な地域の皆さんと本気で交流し、家族として接する秋の涼やかな風とともに、東京都の小学校の教育の素晴らしさを感じました。

先生やってて嬉しいあるある

情熱が人を動かす

出会いと別れ、先生も子どもと同じ。卒業して成長していく

最近は1年ごとの学級編成が東京都の中でも主流になってきつつあります。今までは、2年間クラス替えはしない、というのが主流でした。

苦手な人と一緒のクラスにしないでほしい、という保護者の声のもと、学級編成をやり直したニュースが話題になりました。事例だけ見て判断はできませんが、本来学級編成は何のためにあるのか？　改めて多くの大人が問い直すべきだと感じました。

学級には色々な児童がいます。

友達を支え、穏やかに生活できる子もいれば、学校に馴染めず、ときに反発する子もいます。

学校は何のためにあるのでしょう？

友達を支え、励ますことのできる子は立派です。では、全員をそのような存在に育てることを完遂するのが先生の役割でしょうか？

私は今まで、何人も課題をもっているといわれてきた子と接してきましたが、誰一人、友達を支えたくない、思いやりをもちたくないと本気で思っていた子はいません。みんな心の中に、友達への、人への、思いやりの心をもっていました。

学級は、全員を同じ性格にする場ではありません。自分と違う友達と、自分が苦手だと思う友達と**どうしたらうまくやっていけるか**を学ぶ場です。

たとえその一年ではうまくいかなくても、チャレンジした事実は残ります。そのチャレンジの積み重ねで、学級の子どもたちは心を育みます。

若い頃に担任した子で、どうしても友達とうまく関われない子（以下Ｉさん）がいました。子ども同士なので、その子と馬が合わない子もいました。Ｉさんは孤独を感じていたと思います。

みんなでどうしたら良いクラスにできるか真剣に考えました。子どもたちの話を聞いていると、Ｉさんの良さをしっかり理解している子がいることもわかりました。担任として、子どもたち同士認め合うことができると確信しました。

それからは子どもたちを信じて、とにかく仲良くできるように呼びかけました。若い頃は今のように指導技術はないので、ただただど真ん中にストレートを投げ続けていた指導でした。もちろんうまくいかないことは多発して、トラブルも起こりましたが、情熱だけは失わないようにしました。

その子たちの卒業式は素晴らしかったです。立派に巣立っていきました。子どもたちには秘密にしていたのですが、その年で自分は次の学校に異動することが決まっていました（最近は東京都でも事前に異動をお知らせできます）。

異動の片付けを終えて、学校を去る日、夜6時を回ってあたりは真っ暗、学校前のバス停でバスを待っていました。すると、ふらっとＩさんがやってきました。

「どうしたの？」と聞くと、「なんかここに来なきゃいけない気がしたんだ」とぽつり……。急に胸が締め付けられるような気持ちになりました。

「1年間この子の気持ちをみんなに伝えようと頑張ってきたけれど、Iさんは、私にしっかりお別れを言いに来てくれたのだ」

クラスのために情熱を失わないで良かった。

指導技術は下手でもいい。失敗はあるかもしれないけれど、教師は子どもたちに対する情熱さえ灯し続ければ、必ず最後に子どもたちはわかってくれる。理解してくれる。

この日つかんだ担任としての喜びは今も自分の心の奥底で輝いています。

全国の先生方とお話ししてみたいエピソードです。

先生やってて苦しいあるある

困難な児童・生徒への対応に悩む

学級経営がうまくいかない。言うことを聞いてくれない子どもたちとの関わり

東京都では令和5年度、新規採用教員の約4・9%が1年以内に離職しています。特に小学校が多いようです。離職理由の一つに挙げられるのが、学級経営の困難さです。教員1年目は条件付き採用ということになっており、1年経った後、管理職による判断で、採用されるかどうかが決まるというシビアな面があります。また、時代の変遷にうまくついていけないベテラン教員も学級経営が立ち行かなくなるケースをよく耳にします。この項では学級経営という視点で話をしていきます。

教員の多くは自分の学級を経営しています。日々、学級の子どもたちと過ごす時間が家

族と過ごす時間よりも長い！という方もいます。

うまくいっているときには、この上ない喜びを感じる瞬間があるのが学級担任です。私は専科も経験がありますが、担任として子どもの成長を間近で感じる喜びは何ものにも代え難いです。

しかし、学級が崩れてしまうとこの上ない苦しみを味わうのも学級担任です。

東京都だけでなく、様々な地域の病休データを分析すると、病休理由で最も割合が高いのが、「困難な児童・生徒への対応」です。

子どもたちのために頑張っていることが逆に子どもたちを苦しめ、自分へ返ってきてしまうなんて切ないことです。

私もうまくいかないことは山ほどありました。担任生活を振り返ると、反省点だらけです。しかし、その逆境の中で得た経験、マイナスからプラスに逆転した一筋の光、それは、今の自分の教育観に生かされています。

課題に向き合い乗り越えた経験は自分の人生観をも豊かにしてくれます。

苦手、嫌いは自分が決めている

学級経営の悩み、誰かに相談できていますか？

相談は決して解決策を求めるものだけではないと考えています。

相談をすることで相談でなくなる。

「相談」の一番のメリットは自分を客観的に見られるようになることです。問題の渦中にいると、冷静に判断するのは難しいです。今の自分は他者から見てどうなのか。問題を一人だけのものにしない。**悩みは相談することで、相談者との話題**に変化します。

自分一人で抱えていた問題の重みは誰かに背負ってもらうことで和らぎます。

私は、後輩や同僚の先生に指導困難な児童についての相談を受けたときに、必ずこう返しています。

「その子の好きな食べ物や、趣味、好きな教科や、好きなアニメ、本、漫画、絵、色などを知っていますか？」

「指導が困難な児童について詳しく知らなかった」

児童との関係がうまくいっていないとき、私はよくこの状況に陥っていました。

担任は指導が困難な児童について、多くのマイナス情報を各方面から耳にします。その先入観は、相手への興味・関心を削いでいきます。その子に出会う前から苦手意識をもっていませんか？

若い頃、自分はかなり翻弄されました。

実際に一緒に学級で活動し始めたら、馬が合って一年間楽しく過ごせた！なんていうこともあります。


出会いのスタートから、関心をもって接してあげることで、指導におけるマイナス要因は、減っていくと感じます。

どんな子どもたちも幸せになれる力があります。良い面を見るか、悪い面を見てしまうか、自分の心が決めている。そう自分に言い聞かせています。

先生として子どもたちの長所をしっかり見てあげられるように見取りの力を身に付けています。

プロセスをほめる。価値付ける

ほめても伸びないことがある。悲しいことに、子どもの良いところを一生懸命伝えても逆効果になることがあります。「すごいね！　よくできたね！　頭がいいね！」

このメッセージの課題はどんなところでしょうか？

1　できたことだけをほめているとチャレンジしなくなる

子どものできたことだけをほめているとチャレンジしなくなる傾向があります。
「できたことだけをほめる」→「できないとほめられない」→「できないことはしない」この思考を辿り、挑戦しなくなってしまうのです。挑戦しない子は、いつまでも課題を背負ったまま、自分の課題と向き合えなくなってしまいます。「どうせ、変わらないから、先生に怒られるままでいいや」となります。子どもたちには「こんな気持ちを変えたい！チャレンジしたい！」と思ってもらいたいです。

2　頭の良さをほめると、学習意欲が損なわれ、成績も低下する

「成功したら頭が良い」→「失敗したら頭が悪い」の思考を辿り、課題にぶつかったと

き、失敗したのは頭が悪いせい、という発想になってしまうのです。そのままにしておくと、自己肯定感の低い子に育ってしまいます。ではどうしたら良いのでしょうか？

キャロル・S・ドゥエック著、今西康子訳『マインドセット「やればできる！」の研究』（草思社）ではこう述べられています。


「褒めるときは、子ども自身の特性ではなく、努力して成し遂げたことを褒めるべきだ」という結論に達している。優れた教師は、知力や才能を伸ばせると信じており、**学ぶプロセス**を大切にする。


体育の跳び箱の指導を例にします。

「今日は〇〇跳びに〇回もチャレンジしたね！　チャレンジしたときの気持ちとか教えて！」「今日は踏み切り足にこだわって挑戦していたね」「休むことなく練習してすごいね」すべて活動のプロセスに目を向けています。つまり努力したことをほめるのです。

ある日の授業では「まだやりたい！」「もうこんな時間！」「〇〇さんが跳べたよ！」こんな言葉が溢れます。

学級経営に付きまとういじめの問題

物を隠したり、悪口が飛び交ったり、いじめが蔓延しているクラスの担当になるのは、かなりしんどいです。本音を言ってしまうと……できれば避けたい。それでも経験や立場が変わると、毎年そのようなクラスを担当する先生も多くいらっしゃいます。

困っている子どもたちのために頑張る先生たち！同じ教員として誇りに思います。

いじめの問題には確実な解決策はありません。なぜなら、子どもたち、そのクラスによって問題の質や種類が異なるからです。しかし、どの問題にも共通している課題はあります。**いじめの根源になるのは優劣をつけたがる人間の本能です。**人間は他の人よりも優れていることで安心します。そして自信をもちます。しかし、この考え方では、いじめの被害者を生みます。序列化された学級、社会は、悲しみを生んでしまうのです。

ではどうしたら良いでしょうか？　学級全体で優劣をつける場面を減らすか、もしくは様々な価値観を学級で増やしていくかです。学級の中の価値判断が、「学力」に偏ってしまうとギスギスした人間関係を生みます。「絵を描くのは上手だけど、漢字が書けないからね……」なんて言葉を先生が何気なく発してしまうと、どうなるでしょうか？　序列が生まれます。私は、子どもの活躍場面を増やすことを意識して学級経営をしていました。「作文」「運動」「一輪車」「折り紙」「歌」「新聞づくり」「タイピング」「劇」それぞれ頑張ったことがあればみんなの前で紹介したり、ときには賞状を渡したりしていました。色々な価値があって素晴らしい！というメッセージにもなります。

連絡帳に一言頑張った子どもの様子を書き込むこともあります。

「○○さんは今日、泣いていた○○さんへ優しい言葉をかけていました」

「鉄棒ができるようになりました。ここまで毎日休み時間に練習していたからですね」

何気ない一筆の積み重ねで、保護者、子どもたちと信頼関係は育まれます。

人と人を温かい気持ちで繋いでいくと、学級は必ず良くなるでしょう。

学級経営には様々なスキルがありますが、先生自身が信じる教育観と、子どもたちにとって何が大切かを見る目をもって、少しずつ慌てずに、「心のよはく」をもちつつ、学級とともに歩んでいきましょう。

先生やってて苦しいあるある

研究授業に悩む

校内研究の授業者に手を挙げたくない？

東京都では、戦後の教育改革により、教員研修や研究授業が推奨され、学校ごとに独自のテーマが設定されるようになりました。時代の変遷とともに、学力向上や教育の多様性に対応するため、校内研究は活性化されてきました。現在では児童の主体性や探究学習、ＩＣＴ、外国語など多くの教育課題についてそれぞれの学校が校内研究を進めています。年間で数回授業者を立てて、授業を参観し合う文化があります。そして、若手の育成のため、多くの若手教員が授業者をすることになります。

しかし、授業者選びには……課題もあります。

最も理想的なのは、校内研究の授業者へ希望が殺到する！　主体的に学ぼうとする先生たちの姿です！　しかし、実際はなかなか手が挙がりません。市教研や区教研（市や区で教科に分かれて研究を進める勉強会）では、お互いに目を見合わせて、長い沈黙が訪れます……。残念ですが、よく見られる光景です。

教材研究に加え、大人同士の調整も必要な研究授業は多くの時間と労力を必要とします。若い先生に聞いてみても、「タイパが……」という本音を耳にします。

何が課題になっているのでしょう。

従来の授業研究会は

1　授業者の自評
2　質疑応答
3　意見交換（挙手指名型、ワークショップ型）
4　指導講評

という流れになっています。

話し合いの中心は課題点を見つけることでした。授業の良いところは最初から話し合わず、課題点や質問点に対して、授業者、授業提案の分科会が答えていくという流れです。

従来の方法では、授業提案チーム対授業参観チームに分かれて、お互いの論を展開し合い、ヒートアップすると、緊張感漂う話し合いになってしまうときもありました。

授業者はみんなの前で、自分の課題について語ったり、失敗を弁明したり……。

自分のマイナス面をみんなの前で開示するのは、なかなかしんどいです。

私は、厳しい講師の先生に、大勢の前で指導されて、下を向いてしまうという経験もしました。

また、質疑応答型のみだと、ＫＪ法で自分の考えを可視化しますが、それを対話する場面がありません。自分が思う疑問や改善策について、誰とも話し合わないまま、会が終わってしまう場合もあります。

一言も話をしないまま協議会を終える先生もいるということです。

従来の方法だと、発言する先生が偏ったり、参加者全員の学びを平等にできなかったりして話し合いも硬直してしまう場面が多く見られました。

これらの改善点を考えながら、勤務校では、熊本大学特任教授の前田康裕先生から校内研修の進め方を学び、ホワイトボード・ミーティング®の認定講師、横山弘美先生に年間講師になっていただき、自分たちで校内研究をブラッシュアップしました。

改善後の授業研究会では、

1 授業者の自評（ホワイトボード・ミーティング®を使って）
2 タブレットやホワイトボードに良かった点、改善点を書き出し、共有
3 対話による改善のアイデア（グループ）
4 改善アイデアの交流（全体）
5 講師の助言
6 振り返り（授業者や子どもたちへのメッセージ）

と進行の流れを組み立て直しました。

そして、授業者へ課題を提示するのではなく、校内研究を通じて学んだことを自分の授業にどう落とし込むのかという問いを全員で共有するようにしました。

振り返りのワークでは、授業を頑張った授業者と子どもたちへのメッセージを書いてもらい、承認場面を増やしました。

校内研究を自分事として捉え、授業をした先生の達成感や成就感を大切にすることで、校内研究を主体的に学ぶ勉強会へと変化させていきます。授業力の向上に近道はありません。地道な努力が必要です。

中心に据えるのは、子どもたちが生き生き学べる授業を先生たちが探究すること、授業者が「やって良かった！」と思えることです。

チームの変化は、ゆっくりです。多くのメンバーの意識を変えるのは並大抵ではありません。しかし、できることから始めていくのが大切です。あきらめず取り組むことで、対話できるチームになっていきます。確実に勤務校は変わりました。

これからも、**お互いが気持ち良く学び合えるような職場とはどんな職場か？問い直しながら、**チームの仲間の気持ちを尊重し、より良い校内研究を模索していきます。結果ももちろん意識しますが、一番大切なのは、プロセスです。

研究授業はどうしてもその1時間のねらいを達成できたかどうかに意識が向いてしまいがちです。もちろん課題発見は大切です。それが次へのエネルギーになります。しかし、自分たちが積み重ねてきた成功体験は自信になります。良かったと思えるアセスメントを増やして、自分たちのチームに誇りをもちたいものです。

そして、いつの日か、誰もが授業者をやりたい！と思えるような校内研究会を開きたいです！

先生やってて苦しいあるある

一度リセットしたくなる

どうしても人に疲れたら……

全国の精神疾患による教員休職者数は令和4年度で6500人あまり、東京都は824人ほど、全体の12％にも上ります。全国的に見ても多い数値です。学校数や人口が多いほど、トラブルの数も多いのかもしれません。

どうしても人に疲れたら、

「休みましょう！」声を大にして言います。

問題の渦中から離れましょう。先生はあくまで職種の一つです。体を壊してまで続ける仕事ではないです。仕事を離れたらあなたはあなたです。一人の人間です。教師になると、プライベートも教師という肩書きが付きまといます。

しかし、教師も人間です。完璧ではありません。長い人生、うまくいかないこともあります。逆にうまくいかない経験から学ぶことだってたくさんあります。目の前の結果に縛られず、自分の心の声を聴く習慣を身に付けていきましょう。

青砥瑞人著『BRAIN DRIVEN パフォーマンスが高まる脳の状態とは』(ディスカヴァー・トゥエンティワン)では、ストレスフルな状態の危険性を述べています。

> ストレスが過剰になると、前頭前皮質の機能が停止する。思考などをつかさどる前頭前皮質を停止させ「考えている場合ではない。とにかく逃げろ」「戦え」という脳のモードにさせるのだ。しかし、この反応は命の危険が至る所にあった古い時代につくられた脳のモードである。これが作用すると現代の我々にとっては弊害が多いと思われる。

夜に仕事のことが頭から離れない状態になったことはありますか？　きっとトラブルや

課題に対して、「結果を出せ！」「戦え！」という指令が脳に送られている状態なのだと思います。数年前、私はこの状況に追い込まれていました。これが慢性的になると危険です。その日あった嫌な出来事を眠る前に思い返した経験はありますか？　それは、自らが生み出しているストレスなのです。慢性的なストレスは、自らが生み出している場合が多いです。つまり問題の渦中から離れることができない状態です。この状態の手前でコントロールする、ストレスコーピングのスキルが必要になります。ストレスコーピング（ストレス対処）は、ストレスを管理し、軽減するために用いられる戦略や方法を指します。

1　問題の原因を解決するために行動する。
2　ストレスに関する感情的な反応を軽減する。
3　ストレスの問題から逃れる。

学校の人間関係に疲弊している場合は、1の問題の原因を取り除くのが難しいです。モンスターペアレンツの行動を大きく変えることはできないし、学級経営を立て直すのも時間がかかります。職場の人間関係では、ストレスの原因になっている同僚と関わらないポストになるか、どちらかが異動しないと問題の解決には至りません。問題解決のために何らかのアクションを取ることは継続したいですが、大きい成果はすぐには望めないでしょう。そうなるとまずは、2、3の方法を選択するのが、ストレスを軽減することに繋がります。

マシュー・ウォーカー著、桜田直美訳『睡眠こそ最強の解決策である』（SBクリエイティブ）には、次のように述べられています。

> 「睡眠」「日光浴」「瞑想」は取りかかりやすいですが、習慣化するには少し努力が必要かもしれません。この3つの中で、「睡眠」は一番大切で、毎日決まった時間に寝て決まった時間に起きることで、良質な睡眠をとることができます。日光浴ではセロトニンという物質が体内に分泌され、睡眠の質を向上させます。「瞑想」は日中、効果的で、1分間の瞑想でも、頭がすっきりします。この3つはフィジカルに効く手立てです。

また、鈴木奈津美著『I型さんのための100のスキル』（BOW&PARTNERS）では、ごきげんでいるための手立てをいくつか挙げています。その中で、次のように述べています。

「感謝日記を書く」「相談できる人をもつ」「没頭する」の3つの中で、相談できる人の存在は大きいです。できれば、近すぎず遠すぎない人がおススメです。

家族に相談する方ももちろん否定はしませんが、距離が近い分、一緒になって悩んで落ち込んでくれちゃうので、家族中で不穏な空気になる場合があります。友達に仕事の内密な情報は言いづらい方もいると思うので、なかなか相談相手って見つけるのが難しいです。今は有償のメンターも増えています。自分にあった相談相手を選ぶと、渦中にいる自分の視点を変えてくれます。

皆さん、趣味はありますか？

何か没頭できる趣味があると嫌なことを忘れる時間ができます。脳へのダメージが軽減されるそうです。私は小学生のときに、午後は外で「わーっ」と遊んでいました。鬼ごっこ、サッカー、野球などの外遊びに没頭して、日光を浴びて、疲れて、子どものときは良質な睡眠が取れていたのだなと思います。

あと何より「日記」ですね。記録と言い換えてもいいです。良いことを記録する習慣は人生を変えていきます。大げさではなく本当です。前述しましたが、私は数年前、かなり仕事に疲れていました。そこから脱却するのは、良い習慣と睡眠でした。また、サードプレイスをできるだけ増やしておくことも、良かったです。

多くの方々と出会うだけで、自分自身はどんどん渦中から離れていきます。会話をすると、たくさんの人生観や価値観に触れられます。

自分が悩んでいたことは、もしかしたらちっぽけなことだったかもしれない。

そう思えるチャンスがやってきます。

自分を客観的に見ることは、成長のチャンスに溢れています。自分の課題を自分事として捉え、受け入れるには、対話や会話がキーワードです。

私は、２０２４年にホワイトボード・ミーティング®の特任講師になりました。ホワイトボード・ミーティング®の会議フレームは自分を客観視するのに適しています。家族や職場の仲間とも、ホワイトボード・ミーティング®を使って、課題の把握をしたり、自分の本音をアウトプットしています。おススメです。

そして、疲れたら、問題からいったん離れる。これが鉄則です。

人間関係あるある

人間関係を円滑に構築できない

まずは自分を知る

東京都の小学校に勤めていても、人間関係の悩みはあるあるです。都内の小学校5校に勤務しましたが、同僚の相談や悩みで多いのが職場の人間関係です。教員の離職・休職理由でも、人間関係の悩みが大きな割合を占めています。

「学年主任と考えが合わない」
「職場のお局さんに困っている」
「自分の考えを押し付けてくる管理職がいる」
「時間外の会議をしようとする」

「若手が自分の言うことを聞いてくれない」

などなど、色々な話を同僚や同期と共有しました。


多くの事例の傾向として、相手と共感性がないことが挙げられるかもしれません。

「相手と自分は好みが同じだ」

「その意見は同意できる」

「きっと相手はこれに納得してくれるだろう」

共通項を見出せないまま、相手との距離が離れてしまうのが、人間関係をこじらせる原因になっているのかなとも分析しました。


小学校に限らず、人間関係は色々な職種で、頭を悩ませるトピックの一つでしょう。

他者と繋がることは、お互いにエンパワメントされてチームを活性化させる反面、相性の悪い人と関係をこじらせる場合もあります。

人間関係を円滑に構築できない要因はどこにあるか？考えてみました。

1　価値観や考え方の違い

自分と他人は違います。異なる価値観と出会ったときに、それを拒絶するか、柔軟に受け入れるか、ここが分かれ道になりそうです。様々な年齢層がいる職員室では大きな価値観の違いが存在します。

2　コミュニケーションの不足

拒絶した相手とは、コミュニケーションが不足します。意図や感情が正しく伝わらないことで、トラブルや不信感も生まれます。また必要な情報が共有されないと、仕事上で問題が発生します。学年団で話し合いが円滑に行われなくなると、子どもたちの教育活動に悪影響が出ます。

3　パワーバランスの不均衡

上下関係、権力関係が明確であるほど、対等な関係が築けずに、軋轢を生みます。職員室では、管理職と教員のパワーバランスだけでなく、その学校に何年いて、経験年数はどのくらいかの観点で、パワーバランスが崩れることがあります。

4　感情のコントロール

ストレスコーピングができていないと感情のコントロールが難しくなり、関係を崩してしまう場合があります。教育現場は現状、ストレスフルな状況にあるので、上司（ベテラン）が部下（若手）に八つ当たりすることもあります。また、他人に対する嫉妬や不安が原因で、関係が悪化します。競争社会で序列を気にして生きている人に多く見られます。

自分も含めてですが、職場の人間関係の愚痴を聞いていると、困っている相手に向けた話が多いです。一歩立ち止まって考えると、その渦中にいる自分は相手にどう見えているのだろう?という視点も大切な気がします。

自分の長所、短所、自分自身で理解できていますか?

相手を知る前に自分を知る。この作業ってなかなかできないものです。

誰でも得意、苦手はあります。予めそれを知った上で、人間関係を築いていくと、自分自身の成長が見えてくる気がします。

「このタイプの人と仕事するのは苦手だな」

「苦手だったけど、一緒に仕事しているうちに自分が変わったかもしれない」

「このタイプの人とは気が合うので、たくさんいい仕事ができそう」

自分自身を少し客観的に見ていくことに、まず取り組んでみましょう。

企業などで採用されている**16パーソナリティーズテスト**というものがあります。


ＭＢＴＩ（Myers-Briggs Type Indicator）は、カール・グスタフ・ユングの心理学理論を基に、キャサリン・クック・ブリッグスと彼女の娘イザベル・ブリッグス・マイヤーズによって開発された、人間の個性を分類するための心理学的ツールです。（参考：『ＭＢＴＩパーソナリティのパズル：パーソナリティの複雑さを解き明かし、他者の理解を深めよう』）

外向型か内向型か、感覚型か直感型か、思考型か感情型か、判断型か知覚型か？

この組み合わせで自分の傾向を知ることができます。

どんな性格が良くてどんな性格がいけないということを判断するのではありません。

自分が苦手とすることは相手の得意なことかもしれない。

名前うちうみ
good①
区切りってはっきり意識できるのが自分の自信になっている気がします。
good②
相手を知ることで自分を知ることを実践して、組織を変えていき自分を深めているきがします。
better①
今まで通り少しずつ変わることで大きく成長していくのを感じました。

素直な気持ちで苦手なことを打ち明け、助けてもらったら、それは相手の活躍の場になります。

活躍できた相手は、意欲を高めて、次の仕事に取り組んでくれるでしょう。自分を知って、自分を開くことで、人間関係は円滑になり始めます。

プロジェクトを進めるときに、画像のようなシンキングツールも使います。

自分はこのプロジェクトで何がしたいのか。それを書き出してみると、自分の役割が見えてきます。最初は抽象的でいいと思います。徐々に慌てず具体的にしていきます。

こんな簡単なメモでもいい！しかも文もねじれているけれど、こんなのでいい！

まずは簡単に始めてみましょう。

人間関係あるある

職員数が多いため合わない人もいる

苦手な相手を知る

東京都の小学校の平均児童数は約465人で、職員の数は必然的に20〜30人は必要になります。港区や世田谷区、足立区などでは、児童数1000人を超えるマンモス校もあります。また、小中一貫校も多くあり、そのような学校では、職員の数もさらに増えます。

そうすると、苦手な相手の絶対数も増えます。こんな問い立てをしました。

「苦手な相手と仕事をするにはどうしたらいい？」

前項で自分を知ることについてお話ししました。

では苦手な相手とうまく仕事をするにはどうしたらいいか、考えたいと思います。

学校は学年や島（低学年・中学年・高学年・専科）で動いていきます。公立学校の異動は希望を出しますが、辞令が出て配属が決まります。また、学年などの役割も校長の経営計画のもと、担当が決定します。

結構運頼み？の要素があり、3月にナーバスになる先生もいます。気持ちはわかります。16パーソナリティーズテストのI型の方にとってはしんどい時期です。担当になったら何とか一年間を終えるしかない……何か手はないのでしょうか？

解決策は**「相手を知る」**です。

この著書でもよく出てくるキーワード「対話」は他者を理解するためには欠かせません。巷でもよく聞くワードです。

しかし、対話ばかりをやっていると本当にしんどくなってきます。対話は基本的に向かい合ってあるテーマをもとに話し合うので、エネルギーが要ります。

友達と遊びに行ったときのことを考えてみます。友達となら旅行中でも、ずっと話ができます。なぜでしょう。それは、**「会話」をしているからです。**今振り返るとあまり意味のない話も、笑いながらできてしまうのが「会話」です。

好きな食べ物、音楽、映画、熱中していること、趣味、スポーツ。何気ない話は楽しいです。

私は学生時代の友達とは思いっきり昔話をします。

「山登りで遭難しかけた事件があったけどあのとき……」

「肝試しでどっきりをしたけどこのとき……」

実は……こうだった話が面白いです。

「あんまり言ってなかったけどほんとはいなり寿司が好きなんだよね」

「ええー！」

みたいな話をすると相手のことをさらに深く知ったような気がして、絆は深まります。

これを職場でも応用できないか考えました。

会議ではなく、会話の時間をつくる。

「昔はお菓子を食べながら家族や旅行の話を職員室の後ろのテーブルでしていたのよねー」と話してくれたベテランの先生。

「忙しくなって、今はなくなってしまったサロンのような場所をつくってみよう」そう

テーマ　好きな食べ物

内海先生
好きな食べ物は　カレーライス
家で作る時があるが、隠し味にお酢を入れる
肉に関しては、牛より豚が好きでゴロゴロより、豚バラの薄切り
ご飯は硬めに炊くことでルーとの相性がいい。
小学生の時に、野球チームに入っていたが、そこで、保護者のみなさんが
作ってくれたカレーが最高に美味しかったので、その味を求めている。
大鍋で、４０人分くらい作っていた。
カレーに付け合わせる福神漬も、野球チームのカレーで食べられるようになった。
嫌いだった食べ物は、いつもと環境が違うところで、みんなで食べたら、
食べられるようになるのかもしれないと
今思う。
もちろん給食のカレーも大好きだ。

思って、簡単なゼミを始めました。
「好きな食べ物は？」や「今週楽しかったことは？」といった会話テーマをスライドに打ち込みました。
聞く人はひたすら傾聴して、話す人はひたすら伝えます。これを私が参加しているポリシーメイキングゼミでは「壁打ち文化」と呼んでいます。時間も限られているので、効率的な会話ができないかと考え、取り組んでみました。この壁打ちをきっかけにカレーの話で盛り上がりました。

野菜嫌いだけれど、カレーの野菜なら食べられる先生のエピソードに盛り上がりました。自宅のカレーづくりの工夫を話す先生たちの姿が見られ、とてもいい雰囲気でした。

同僚の先生方の意外な一面は会話から引き出せます。意外な一面を知ると距離が縮まります。

人間関係あるある

苦手な人に踏み込むのが難しい

自分から踏み出す勇気、共通項を探してみる

人間関係あるあるでは自分について、相手との関わりについて述べました。

この項では、次の一歩をどう踏み込むかについて話します。

会話で関係が深まっても、実際に仕事上で意見交換をしていかなければなりません。しんどいですが「対話」です。向き合うときには向き合っていきます。

自分が対話しなければいけない相手との共通項を探すワークをしました。

ちなみに、東京都では自己申告の面談があり、勤務校では学期ごとに、自己申告書をも

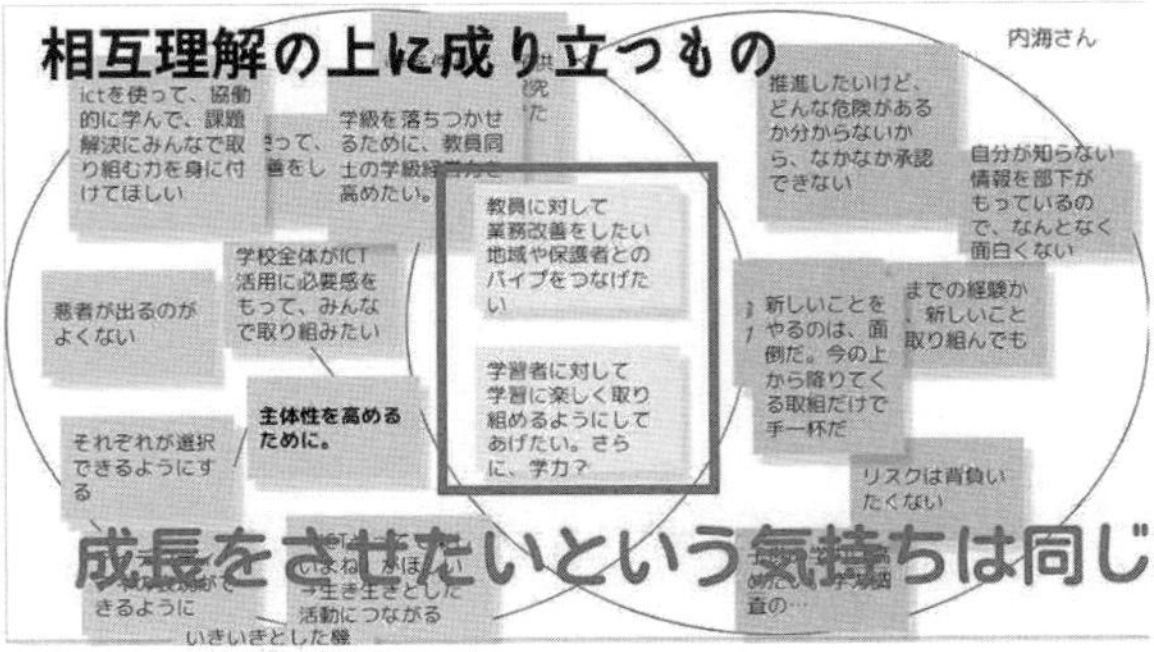

とに、自分自身の成果と課題について対話する機会があります。回数は学校でばらつきがあるかもしれませんが、当初、中間、学期末と3回行うのが基本です。

私はどうしても話が合わなそうだという管理職との対話を前に、自分と相手の共通項探しをしました。

学校運営をテーマに、「きっとこう思っているだろうな？」「自分はこう思っている」ということを書き出していきます。本当ならば該当する相手とワークをしますが、関係ができていない場合は、この対話に持ち込むまでのハードルが高いです。なので、事前に予想を立てます。

「苦手な相手だけれど、ここはきっとわかってくれそう」書き出してみると、少しメタな視点で客観的に自分と相手の関係を見つめることができます。このワークだけでも気持ちが落ち着きました。

そして折に触れて「子どもたちを成長させたい気持ちが

伝わってきます」と声をかけるようにしました。関係は少しずつ改善され、対話ができるようになりました。このワークで費やした時間が自分の行動を変えるきっかけをつくってくれます。

そして、次の一歩、最大のハードルは、自分から相手に話しかけに行くこと。つまり、**重い扉を開けに行く行動です。**

苦手な管理職や学年主任がいるとします。

閉じきった校長室で事務処理をしている校長の校長室の扉、閉じきった教室で事務処理をしている学年主任のクラスの教室の扉、重いですよね。できれば避けたいです。

でも、開いてください。開かないと始まらない。

失敗してもいいのです。うまくいかなくてもいいのです。

ここまで準備できたあなたのプロセスにこそ価値がある。きっと扉を開ける手前で躊躇します。私もそうでした。しかし、何事も結果がすべてではありません。**その途中にこそ、自分を成長させてくれる学びがあったはずです。**

それはもう獲得されています。

後は伝えに行くだけ、自分の努力を。勇気を出して扉を開けたら、意外なことが待っています。

あなたの訪問を喜んでくれます。相手もあなたとのことで悩んでいたかもしれません。でも、勇気が出ずに声をかけられなかったかもしれません。あなたから声をかけることで、苦手な相手の気持ちを助けることになります。

そしてその経験は、仕事だけでなく、あなたの人生を変えます。人生は重い扉だらけ、勇気を出して開いたら新たな世界が待っています。

勇気を出して！

人間関係を変えるのはあなたです。

いつも私は局面で、小学生の頃苦手だった注射を思い出します。何十年か経って注射が苦手だったはずの自分が今は献血に行っています。人生はわからないです。

研修あるある

必修研修のモチベーションを保つのが難しい

必修の研修と自分から選ぶ研修がある

どの学校も概ね、教務主任、生活指導主任、特別活動主任、研究主任が必置主任として存在しています。学校の実態や教育委員会の取り組み、校長の学校運営方針などで、必要に応じて主任を設置しています。

その中で、学校の教育活動の質を向上させるために、授業研究、ICT教育、道徳教育、人権教育などの主任やリーダーを決めて、そのリーダーを中心にミーティングや取り組みを進めます。

年に数回、各主任たちは都教委や区市教委の研修に行きます。

例えば、「今週の木曜日の午後に区役所でICTリーダー研修があります」といった具合です。

主任は新年度校長に任命される形なので、自分で選択して学びには行きません。この研修の形はなかなかモチベーションを保っていくのが難しいです。

人間は自らが希望した、あるいは選択した道に関しては、責任をもとうとします。しかし、与えられた研修、否が応でも参加しないといけない状況が長く続くと、自己効力感が低下し、意欲が下がってしまいます。

この自己効力感とは、心理学者アルバート・バンデューラによる理論です。

自己効力感が高くなると、人は挑戦に対して積極的に取り組み、逆境に直面してもあきらめずに努力を続ける傾向があります。

自分が経験した必修研修では、ワークなしの講義3時間のものも多く、気合いだけで聴いていると、いつの間にか、日々の疲れで寝てしまうこともありました。

準備してくださった方々や、講師の先生に申し訳ない気持ちでいっぱいでした。

そんな必修研修の中で、参加者のアウトプットを適宜取り入れたワークショップ型の研修がやはり記憶に残っています。私が初任者の頃に比べ、最近は増えてきました。

とはいえ、予算をかけて開いてくださる研修です。
自分自身、何のために学びにいくのか。問いを立てて、有効な時間にしたいと思っています。

さて、教員の夏休みは、普段よりも自由に時間を使うことができます。もちろん長い休暇も楽しみですが、学びの時間を設定して、教員としての自分自身を探究していくのも面白いです。

東京都では、授業力、特別支援などテーマごとに研修計画が立てられています。教職員研修センターを通じて申し込み、様々な研修を受けることができます。

都内の各自治体の教育委員会が主催する選択型の研修を開いているところもあります。また、その研修が必修になっている自治体もありました。

承認研修という制度もあり、事前に申請をして、事後にレポートを提出すれば、出張扱いとしてくれます。

初任者が必ず受けなければならない研修に初任者研修というものがあります。
ほぼ毎月出張の研修があり、年間約12回で、授業研究から、特別支援、学級経営、服務、学校組織などについて研修を受けます。毎回レポートや報告書があるので、大変でしたが、多くの同期に出会えるのが大きな利点です。

10年目を目安に、中堅教員を対象とした研修もあります。学校以外で働き、学ぶことが必修になっています。

また主任教諭、主幹教諭、指導教諭などの任用時にも研修制度があり、職層に合わせた研修が充実しています。

管理職になってからも、教育管理職研修があり、校長先生も学びます。教員という職業が、いかに学び続けることを必要としているかがわかります。

たくさん受けた研修の中で、記憶に残っているものがあります。それは学校マネジメント研修というものです。将来管理職を目指していく教員向けに開設された研修ですが、私は主任教諭のときに一度受講しました。参加者は私を含めて三人。所属している学校の自治体に勤める各校長先生、副校長先生、指導主事、指導課長と少人数で学びました。めったにない機会なので、たくさん質問しました。

管理職になってからの苦労や喜び、またやりがいなど、ある先生の話が心に残っています。

「課題解決のフローの中で一番大切なものは何でしょうか？」

私は、咄嗟に解決方法の重要性について語りました。しかし、その先生の考えは違っていました。

「課題解決において一番重要なのは課題把握です」

なるほど、実態を正確につかんでいないと、いくら解決方法が優れていても、役に立ちません。

例えば「焚き火の火を消すのに、消防車を呼ぶことはしないよな〜」「プールの水をいっぱいにするのに、バケツリレーもしないな〜」ということです。

極端ですが、そういうことだ！と理解したのです。これは子どもたちへのアプローチも同じことで、アセスメントがしっかりしていないと、関わり方を間違えてしまうことに繋がります。

心に残る学びを講師の先生からいただいた瞬間でした。

このように、教師一人ひとりの学びをしっかりサポートしてくれるのが各教育委員会です。自分から学びの場を求めていけば、充実した学びを保障してもらえます。

私たち教員にとって学び続けることは、最も重要です。自分でも気を付けていますが、経験則のみに頼ってしまう指導は避けなければいけないです。

教育課題は日々更新されていきます。それに伴い教育内容も最新化します。変化と普遍の論理で考えると、教育にとって変わらない本質的な部分もあるでしょう。しかし、時代の変遷スピードは高まっています。子どもたちの未来のためにもアップデートは必須です。

何より学びは本来楽しいものです。

学びの効果とは

・知識を広げる。
・問題解決の達成感を味わう。
・成果を振り返り、自己成長を感じる。
・自分の興味・関心・好奇心を満たしてくれる。
・社会的な繋がりを得る。
・学びを通じて挑戦や冒険のステージに連れて行ってくれる。

これらが組み合わさり、学びは単なる情報の吸収だけでなく、豊かな人生の一部となっていきます。やっぱり教師になったからには、ずっと学んでいきたいです!

研究会の数は多い・大学の数も多い

自分で選ぶ研修を増やしませんか

前項では、自らが学びに行く研修と、担当として行く必修研修の話をしました。「勉強会あるある」でもお話ししましたが学ぶ場、研究会は東京都に数多くあります。

大学でも、研修会を行っています。東京都にある教育系大学は、私の母校東京学芸大学をはじめ、お茶の水女子大学や青山学院大学、早稲田大学など30校以上もあります。学ぶ機会に多く恵まれているのが東京都の教育の特色といえるでしょう。

私は30代の頃、初めて算数少人数の担当になり、算数をしっかり学びたいと一念発起しました。夏休みに勇気を出して、自分から大学の講義を申し込みました（20代の頃は何をやっていたのだろう)。確か、東京家政大学だったと思います。

自分一人、知っている人もいない中、一日中ばっちり学ぶ。不思議なくらいその日のこと、そのとき学んだ内容は鮮明に覚えています。

「自分で決めて、自分から学ぶ」この行動が学びの質を何倍にも高める。実際に経験してみてわかりました。

さらに付け加えるならば、無料のイベントよりも有料の方が良いです。有料にすることで、学びへのコミットメント(責任を伴う意識)が強くなります。

「お金を払っているから、ぼーっとしていたらもったいない!」という発想になります!

思いきって自分から学びの場に行ってみる。慣れてくると、それが楽しみになっていきます。

今では、SNSで様々な学びのイベント告知を目にします。私は数年前まで、ほぼ家族と友達しかSNSの交流はありませんでした。コロナ禍でSNSは一気に広がり、オンラインゼミに参加して、私の人生は大きく変わりました。

職場、家庭以外の学びの場所をつくったことが転換期でした。

アメリカの社会学者レイ・オルデンバーグは、サードプレイスの概念を提唱しています。

サードプレイスとは、家庭（ファーストプレイス）と職場（セカンドプレイス）以外で、人々がリラックスし、交流し、コミュニティを育むための場としています。

私にとってオンラインゼミがサードプレイスにあたります。教育系のゼミなので、ここでの学びは、仕事に繋がります。全国の先生とオンラインで繋がり、多様な人々と、教育をテーマに自由に会話することで、新たなアイデアが生まれ、創造性が促進されます。

今では、ベネッセのミライシードのコミュニティやHILLOCK初等部代々木校校長五木田洋平先生の運営するポリシーメイキングゼミ、東京都公立小学校教員の二川佳祐先生のマイチャレサロンなどで教育や習慣、組織論について学んでいます。

日々の授業のアイデアや校内研究の進め方、学年団の運営の仕方など、ここでの対話が基盤になっています。

サードプレイス

またサードプレイスは社会的な繋がりを強くし、コミュニティに所属している安心感を生みます。

これにより、人々は孤立感を感じにくくなります。

先生は問題を一人で抱え込んでしまいがちです。サードプレイスのクローズな場で悩みを相談すると精神衛生にプラスに働いていきます。

研修という言葉をサードプレイスに変化させて、自分自身の学びを楽しんでみませんか。

Column

出会った人が教えてくれる、自分の現在地

Author：内藤一貴
経歴：東京学芸大学教育学部Ａ類卒
令和４年度教師道場修了
令和４年度第49回全国学級経営研究大会発表

私は今年で教職10年目を迎えました。今は主任教諭として、学校運営に携わっています。皆さんが「先生になりたい！」と思ったきっかけは何ですか。私は、小学校時代にお世話になった、厳しさの中に深い愛情のあった担任の先生の存在と、学生時代のクールな親友からの一言がきっかけでした。人との出会いに導かれ、今の自分がいます。「子どもたちを大切にする先生」を目指し、大学で学びました。

私は、この仕事が大好きです。もちろん、うまくいかないことだってあるし、落ち込ん

でしまうことだってあります（その方が多いです……）。でも、それも含めて、この仕事に就いて良かったと、本気で思っています。理由は、出会った子どもたちや先生方、保護者の方々が、私を人間として成長させてくれるからです。

私は初任校で働いていた頃、学級経営や自分の授業で、うまくいかなかったことがありました。それは、教師として駆け出しの頃ではなく、異動まであと数年の頃のことでした。自分が思ういいクラスにしたい、いい授業をしたいと、子どもたちのために一生懸命頑張ってはいました。しかし、子どもたちの悩みをすっきりと解決できなかったり、普段は賑やかなのに授業の中で子どもたちとの距離が離れてしまったり、保護者の方からご意見をいただいたりということが増えてしまったのです。自分もどこか表面的で、子どもたちに届かない指導をしている感覚がありました。

その原因は、当時自分だけではわかりませんでした。どこか、目を背けようとしている自分もいました。そのとき、自分に本気で向き合ってくれた先生方がいらっしゃいました。内海先生も、その一人です。自分がもがいているのをわかってくれて、助けてくれる身近な存在。それは同僚の先生方でした。原因は至ってシンプルでした。学級集団としての実態、子どもたち一人ひとりの実態把握が甘かったのです。自分の思いが先行した指導をしてしまい、子どもたちの実態に合わせることができなかったのです。今思えば、子どもたちや保護者の方々は、私の現在地や伸びしろを教えてくれていたのです。

自分の指導力を向上させるためには、学ぶしかありません。そこで私は、東京教師道場に応募しました。管理職の先生方の後押しもあり、運良く道場生となりました。

教師道場では、自分たちのグループごとに研究テーマを決め、授業研究をします。4〜5人のグループなので、テーマ決めの際は自分の思いも反映されやすいです。さらに、自分の「やってみたい！」と考えている授業に、果敢にチャレンジできます。「今、チャレンジしていることは研究授業ではない。授業研究だ」という担当教授のお言葉は忘れられません。仲間のチャレンジした授業について本気で語り合う時間はあっという間で、気付けば終業時間でした。先生たちも、子どもたちと同じように学び合い、高め合う。また会う機会が楽しみになる感覚。それぞれ職場が違うのに、まるで学生時代の同級生のようでした。学んだことは、次の日から自分のクラスで実践できます。授業がうまくいくようになると、不思議と自然に学級経営も安定していきました。

学生時代に描いた、「子どもたちを大切にする先生」は、「子どもたちのニーズに合わせられる先生」だと気付きました。今も、チャレンジを楽しみながら、日々を過ごしています。そのチャレンジが価値あるものだったか。それはすべて、子どもたちの姿が私に教えてくれます。自分の一番の評価者は、子どもたちなのです。

この本で紹介されているように、東京都は、たくさんの先生に出会えます。その中に必ず、自分と本気で向き合い、応援してくれる方がいます。自分の現在地を把握し、成長を追い求める環境も用意されています。

教師としてだけでなく、人としても成長できる東京都。おススメですよ！

3章

東京都のキャリアプラン

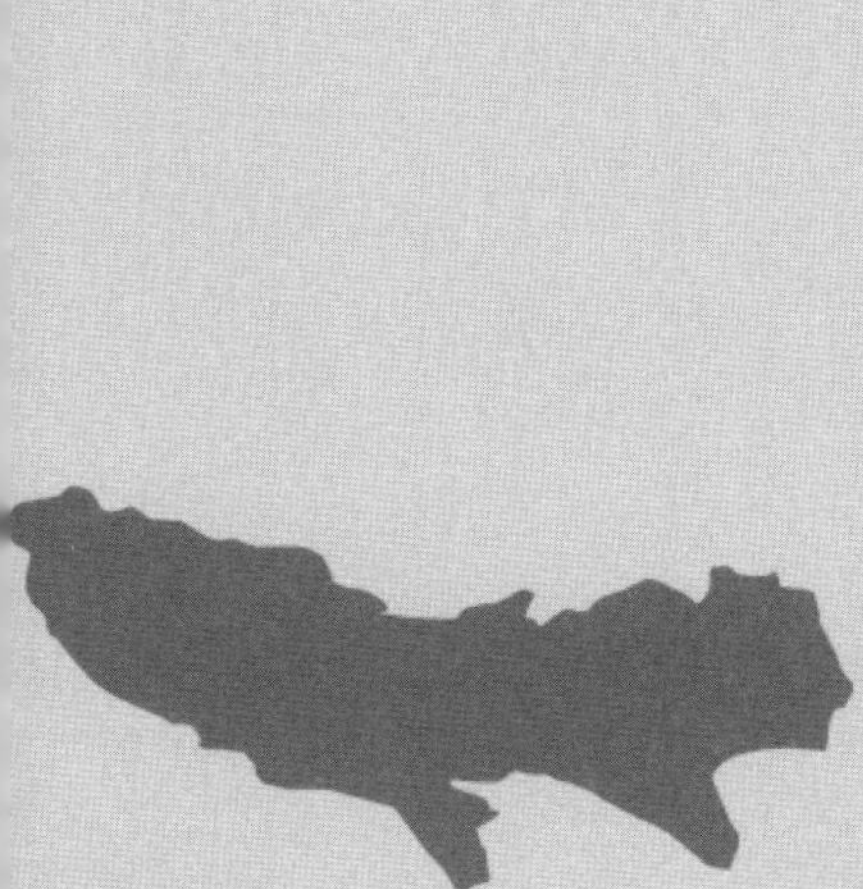

新卒時代の過ごし方

何から始めたら良いのだろう？

２０２３年実施の全国の教員採用試験の合格者数は３９２８４人で、東京都は４９２６人が合格（名簿登載）し、全国の採用数の約12％にも上りました。学校数も多いので、採用人数も多くなります。しかし、１年目から、ベテランの先生と同じスタートラインに立たされる初任者の先生には困難が多いです。保護者の目も昔ほど優しくないでしょう。東京都では、自治体や学校によって、副担任としての指導教諭がつく初任者もいます。人手不足なので、全員ではないですが、そのようなサポートも、徐々に増えつつあります。

未知の世界に、期待と不安が入り混じった新卒時代の私は、先輩たちがいる世界のことを早く知りたくて、一生懸命先輩たちの仕事に追いつこうとしていました。

「早く一人前になって、認められたい！」

そんな気持ちでいたのだと思います。しかし、

「何をどうしたら良いのか？　わからない」

「大学で学んでいたことだけでは、解決できない問題が多すぎる」

1年目に直面する課題です。

前述しましたが、良くも悪くも1年目からベテランの先生と同じクオリティを求められがちな教育現場です。1年目の先生にかかる負担は大きいです。

採用1年目の先生の離職率約5％には、胸が痛みます。苦しい状況の初任者だけでなく、私たちにとっても大きな課題です。

この話題について様々な世代の先生方と対話していると、解決に向けたヒントがあることに気付きました。

「自分が1年目の教師だったとき、これをしておけば良かったと思うことってありますか」

こんな問いを投げかけました。

ある先生は、「自分の学校以外の先生ともっと交流すれば良かった」と話してくれました。「今の自分はどうなんだろう？　自分の指導は合っているのか？」など疑問を相談できるコミュニティがあったら、もっと客観的に自分の成長や今の課題を見ることができたのでは、と思ったそうです。自分の迷いや悩みに対して色々な視点から捉え、解決のヒントを探るのが良さそうです。

またあるベテランの先生は、「昔は今よりも時間があり、週末などの空いた時間にクラスの子どものこと、授業のことなどをみんなで話して、すっきりした気持ちで次の週を迎えていた経験が教師生活に役立った」と話してくれました。

今も昔も「対話」の時間が必要なのですね。

1年目に気を付けたい項目をいくつか並べてみました。

1　コミュニケーション

前述しましたが、異業種の方や同僚など多くの方との対話から悩みの解決へのヒントが生まれます。

2　仕事の優先順位

仕事の効率化は「よはく」の時間を生みます。あまった時間でコミュニケーションや対話を進めます。

3　ストレスコーピング

1年目は心と体にかなりの負荷がかかった状態です。休息を意識して、遊びに行ったり、好きなことに没頭したり、メンタルヘルスを保ちます。

4　自己研鑽→習慣化→学びの記録を取る

仕事はアウトプットの意味合いが強いです。学びを継続し、インプットして、それを習慣にする。毎日5分は読書するなど実践し、結果を記録する。

これまでの項でもご紹介しましたが、私は毎日学んだことを日記に付けています。もうすぐ1000日目です！たまに振り返ってみるといかに自分が成長しているか実感できます。そうすると、また習慣を続けたくなります。

この繰り返しが楽しみになってきます。

この中の一つでも小さく始めてみるといいです。最初のハードルはできるだけ低く。

私が初任者の頃はどれもしっかりできませんでした。

今では4項目どれも進めています。毎日が楽しいです。

新人時代の過ごし方

チャレンジを止めない。教師としての引き出しを少しでも多く

初任者時代（新卒時代）を過ぎ、学校に慣れてくる頃です。学校の一年間の流れは、良くも悪くもほぼ固定化されています。

何回かサイクルを経験していくうちに、いつの時期にどんな仕事をすれば良いのか？一年を見通した学級経営の仕方がわかってきます。

東京都は年次研修が3年次まであり、教育アドバイザーが授業観察をするプログラムになっています。定期的な授業観察でアドバイスをもらい、それをもとに実践を続けていき

ます。また、若手教員には指導教諭が付き、メンターとして、授業だけでなく、学級経営や校務分掌などのサポートを受けることができます。

ある程度教員生活が安定してきたら、改めて初心を振り返り、「先生になって何がしたかったのか？」達成できたこと、できていないことを書き出し、「どんな先生になりたかったのか？」もしくは「これからどんな先生になろうとしているのか？」問い直す時期にしましょう。

私は新人時代、何も考えずがむしゃらに仕事をしてしまっていたのを反省しています。20代で一度立ち止まってどういうライフデザインを描くのか、しっかり考えておけば良かったと、少し後悔しています。

30代、40代の先生に「20代の頃にやっておけば良かったことは？」とお聞きしたところ、「授業の流し方や、引き出しがほしかった」「学級経営の仕方を学んでおけば良かった」「失敗を気にせず思いきりチャレンジしておけば良かった」と答える方がいました。

引き出しを増やすためには、新たな授業や学級経営、指導法にチャレンジをしなければいけません。授業の形態を変えてみたり、指導計画を変更したり、宿題の出し方を変えてみます。学年に相談せずに進めたら、スタンドプレイになってしまいますが、学年に相談しても、止められてしまう場合があります（伝え方が良くないと……）。

チャレンジにリスクは付きものです。リスクを知った上でチャレンジすることで成長できます。

そこで、おススメなのが、**「小さいチャレンジを続ける」**です。大きい変化はパニックを生みます。コンフォートゾーンとラーニングゾーンのギリギリ境目でいいので小さいチャレンジをしていきます。

一週間の中の、国語の一時間だけワークショップ型にしてみる。漢字の宿題だけ、けテぶれにしてみる。など小さい変化を続けてみます。

学級経営の方が授業よりもすぐにチャレンジした効果を実感できます。私は、教室配置を変えたり、子どもたちへの価値付けの数を増やしたり、ホワイトボードを使って子どもたちのトラブルを可視化する取り組みをしました。

学級の子どもたちは先生の変化や努力に敏感です。

「なんか先生変わった！」（良い方に笑）と言われたら合格！チャレンジが良い結果を生んでいます。

これを継続すると、いつの間にか大きい変化になっています。

また、チャレンジにはメンター（伴走者）がいると成功しやすいです。学校の同僚でも、同じ先生仲間でも、最近では有償のメンターを利用している方もいます。自分に合ったメンターを見つけたいですね。

20代からのキャリアデザインを考えるのも大切です。どう所属を変えていくか、何を目指していくのかです。

20代はプライベートも充実させると仕事に好影響です。私は音楽活動を並行して楽しんでいました。今もライブに出演したり、曲を配信したりしています。

適度に休みつつ、楽しみをもってライフデザインをしてください。

ミドルリーダー時代（30代）の過ごし方

できるようになってきたときだからこそ問い直す

東京都の小学校教員の年齢別構成を見てみると、一番多いのが30代です。令和４年度、東京都教育委員会が出しているデータで確認すると、約１１０００人になります。全体が３３０００人なので、割合としても、多くを占めています。30代の教員は、ミドルリーダーとして学校を支えている世代です。主任を担当する先生も多いです。

また、30代はキャリアデザイン・ライフデザインを描き直すイベントが多く発生します。私も30代はライフプランの中で大きいイベントがいくつもありました。結婚、出産、子どもの成長、資産をもつ（家を買う、車を買う）など。

20代で家族をもつ方もいますが、家族をもつことで人生観、教育観は大きく変わりました。親の目線、子育ての大変さ、パートナーとの合意形成。今まではなかった価値観が発現し、とまどうことも多くありました。

今までの人生の優先順位が大きく入れ替わってきます。授業研究をしたい、学級経営を学びたい、組織論を学びたい、という気持ちはあっても時間が足りなくなります。今まさにこの葛藤を経験している先生もいらっしゃると思います。

男女で分けるのはあまり好きではないですが、事実として出産をする女性の方が、大きな変化が起こります。女性だけに負担をかけるのは良くないことです。当然男性も子育てします。育休ではなく育業であるという価値観がもっと広がってほしいです。

何人かの先生に30代を振り返ってもらいました。

「自分一人でできることが増える30代に満足してしまった」

「自分の主張を曲げなかったことでみんなに迷惑をかけた30代だった」

そう話す40代の先生もいらっしゃいました。

「30代で専門性を高められなかったのが40代の不安に繋がってしまった」という方もいました。

私ももっと子育てしながら少しずつ学んでおけば良かったと思っています。大学院や教職大学院で学ぶことができたら、獲得した知識や学びをもとにもっと学校や地域、子どもたちに力を尽くせたかもしれません。

ちなみに学校長を通して申請し、試験をパスすれば、所属校に在籍しながら大学院や教職大学院でも学ぶことができます。教員研究生として、研究をする道もあります、概ね1~2年間派遣されることになります。年度末に説明会や報告会があり、申し込みは4月から5月までです。募集人員は1~30名程度です。東京都は学ぼうとする先生への支援が手厚いです。

そして改めて学び続けることは大切と実感します。

将来を見据えて、資産形成を始めるのもこの頃かなと思います。

お金やキャリア、生涯収入、やりたいことは何か？「考えるよはく」をもって、問い直したい時期ですね。

リンダ・グラットン、アンドリュー・スコット著、池村千秋訳『LIFE SHIFT　100

年時代の人生戦略』（東洋経済新報社）では、

あなたはおそらく、友人関係や知識や健康を「資産」と考えたことはないだろう。「資産」というのは、ほとんどの人が日常生活で使う言葉ではない。しかし、これらの要素を資産と位置付ける発想は、100年ライフを生きるうえで欠かせないものだ。資産とは、ある程度の期間にわたり恩恵を生み出せるもののこと。言い換えれば、資産はある程度の期間存続するものである（中略）友情や知識は一夜では消失しないが、十分な投資を怠り、友達と連絡を取らず、知識をリフレッシュしなければ、いずれ価値は下がり、ついには消失してしまう。

と述べています。「資産はお金だけではない。また、仕事上の知識だけでもない。友達と遊んだ思い出や、家族と過ごした時間。それら全てが人生にとっての資産になる。そしてそれを成り立たせるのは健康。」

この考え方に出会うと、生き方について深く問いたくなります。

Column

少しでもゴールに近づくために

Author：鈴木博之
経歴：東京学芸大学教育学部A類卒
東京学芸大学附属大泉小学校教諭
ICT学びの会「BIT」主催

教員になって1年目。初めて管理職に授業を見ていただく機会があった。そのときの光景は、今でもよく覚えている。

3年生の算数。子どもの反応は、前日に慌てて書いた指導案のようには進まなかった。イメージの中では、子どもたちがキラキラした目で学習しているはずだった。しかし実際は、そんなにうまくはいかなかった。子どもたちの顔に面白くないと書いてある気がした。授業を進めながら、子どもとの間に溝ができているように感じ、それを何とか埋めようと、一生懸命になって一人で話し続けた。そして、話せば話すほど、子どもたちの心がさらに離れていくのがわかった。

変な汗をかきながら、一人で話し続けた授業は、時間がとても長く感じた。時間は長かったのに、指導案の半分くらいまでしか進まなかった。子どもたちに申し訳ない気持ちと、悔しくて情けないような気持ち、教職への不安など、色々な気持ちが込み上げてきた。そんな課題だらけの授業だったにもかかわらず、管理職の先生は、数少ない良かったところを何とか見つけて、温かく励ましながらアドバイスをしてくださった。

あれから長い間、東京で教員として働きながら、たくさんの授業をしてきた。初任の頃の授業と比べると、さすがに、少しはまともな授業ができるようになったとは思う。しかし、「本当にうまくいった」という授業は経験したことがない。たくさん工夫をした授業もあったし、子どもの素敵な姿に出会えた授業もあった。しかし後で考えると、その授業にも課題はたくさんあった。

良い授業とは何か、良い教員とは何かと考えると、その答えは、時代や環境、自分の経験値によってどんどん変わっていった。数年前に目指していた授業のスタイルを、今はあまり魅力的に思えなくなった。自分の目指すものがどんどん変わってきているのを感じる。きっと、これから先、どれだけ授業を行っても、満足するようなものにはならないし、後で振り返ると課題だらけなのだと思う。

教員の魅力の一つは、明確なゴールがないということなのではないか。やってはいけない不正解はあるけれど、これができれば百点だという、唯一の正解のようなものはないといえる。

どんな指導でも、きっと、良い部分があるし、必ず改善すべき部分がある。そう考えると、たくさんのことを学ぶことができる。学校は、やらなければならないことが決まっていて自由度がないように感じるかもしれないが、実は自分の裁量で決められる部分も多い。どんな活動を行うのか、どんな教材、教具を使って、どんな言葉で伝えるのか。あれこれ工夫ができることがこの仕事の楽しいところだ。

もちろん、一人で決める必要はなくて、先輩の先生からアドバイスをもらうのも良いし、指導書を参考にするのも良い。様々な書籍や研究会、ＳＮＳなどで学んだことを生かすのも良いだろう。どんな授業をしたら良いのか、自分で考えて、工夫できるのは、教員の魅力の一つである。大切なのは、少しでもゴールに近づこうと学んでいくことだと思う。

この本の著者のウッチーとは、5年間、同じ学校に勤務していた。同世代ということもあり、共通する部分もあったが、自分とは違うキャラクターで、自分とは違うフィールドで戦っているウッチーとの出会いは、自分にとって財産だったのかもしれない。出会ってから今まで、心のどこかで、ウッチーに負けないように頑張ろう、とか、ウッチーが学んでいるから自分も学んでいこうという気持ちがあったように思う。教員をしていると、素敵な出会いがたくさんある。出会いは財産だ。校内に限らず、外に出て、たくさんの先生と出会うと、きっと自分を支え、導いてくれる人と出会えるのではないだろうか。東京は広く、たくさんの先生がいる。ここまで読んでくださった方に、良い出会いがあることを願っている。

4章

東京都から全国への提言

ＩＣＴ活用に関わる提言

ＩＣＴ活用がゴールではない

コロナ禍で、ＩＣＴの活用は全国に普及しました。

しかし、各自治体で大きく活用やインフラに差が出ているようです。

皆さんの学校はどうですか？　ＩＣＴ活用は進んでいますか？

私は現在勤務する練馬区の小学校でＩＣＴ活用の校内研究に取り組みました。

当時の研究主任として、校内研究を進める中で、学校外でインプットの場所が必要だと感じ、オンラインの学びの場を探しました。

同じ東京都の教員二川佳祐先生が主催するゼミにＪＯＩＮしました。みんなのオンライイン職員室が提供する『「私たち」が変える！ＧＩＧＡスクール構想実践ゼミ』です。ゼミのメンバーは全国の学校の先生たちです。校長先生から若手の先生まで、バラエティに富んでいました。

毎週日曜日の朝7時から30分間、全国の先生方と対話し、会話し、学びました。かけがえのない出会いでした。そこでわかったことがありました。

①　未来を生きる子どもたちにとってＩＣＴ活用は必須のスキルである。

②　ＩＣＴ活用を学ぶことが目的ではなく、ＩＣＴを使って、

・学びの本質

・学びは楽しいこと

・学び続けるから人生は豊かになること

・多くの人と学び合うことで学び続けられること

などに気付き、自分の人生観を豊かにしていくことを目的にすると良い。

③　先生たちも学び続けていくことで、豊かな教師生活、さらに有意義な人生を送ることができる。

これら多くの気付きは、ＩＣＴを活用したＺＯＯＭ会議機能で実現しました。

つまり私は、ICTを使って学ぶことの本質に気付いたのです。

学校現場での実際の活用

私の職場では、主にBenesseのミライシード・Google for Educationがデフォルトで導入されています。

ミライシードを使った実践はこちらで発信しています。↓

また、ミライシードファンサイトから各情報を得て、エリアコミュニティの事例共有会などに参加し、活用実践を報告しています。一人で授業研究を深めていくのは結構大変です。コミュニティに入れば、お互いのアイデアを共有し、実践例がどんどん増えていきます。学びは交流によって深まります。質問をし合ったり、実践を認め合ったりすることで、研究は熱を帯び、学びが楽しくなります。初めてコミュニティに入ったときはドキドキしましたが、今では入って良かったと思っています。

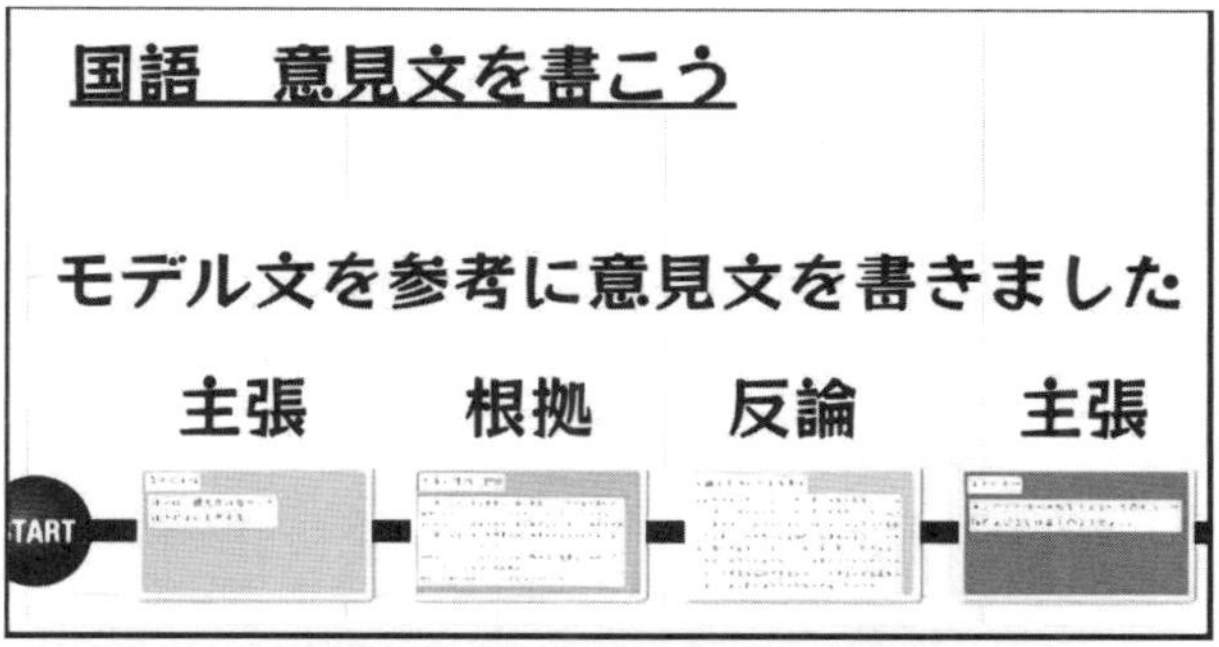

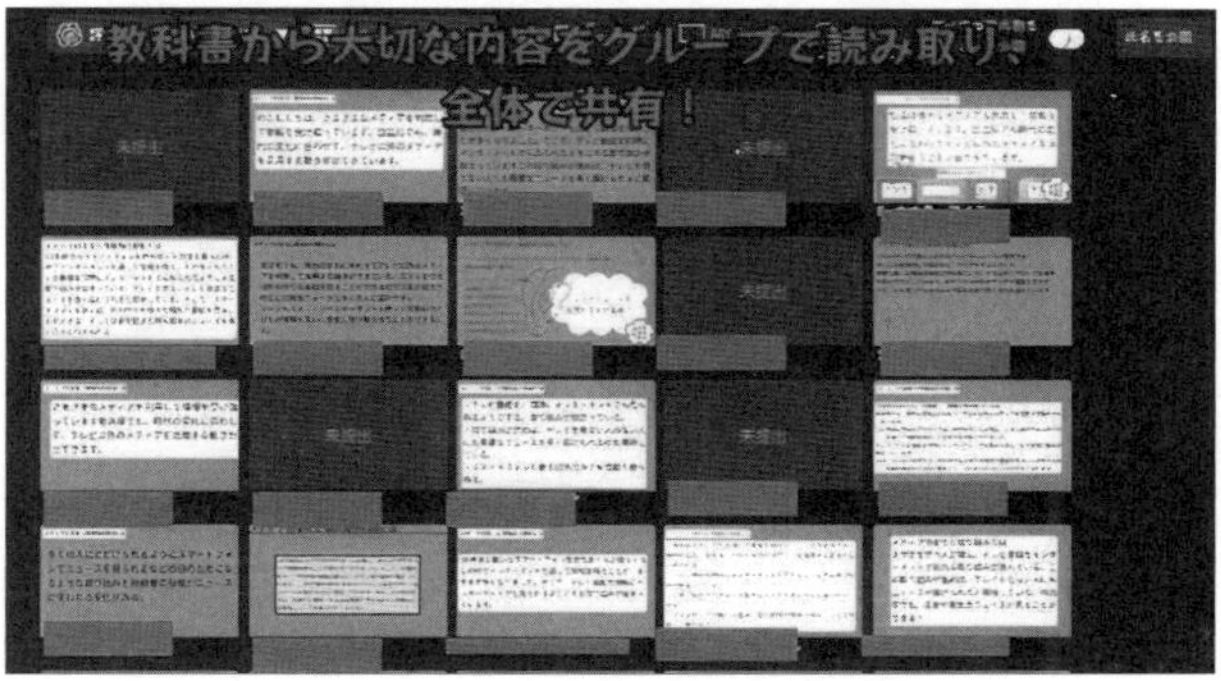

さて、その実践例から少しだけ紹介させてください。

5年生国語の実践です。

「意見文を書こう」というテーマでワークをしました。

ミライシードのアプリでは、児童はこのようなシートを作成することができます。お互いの考えを言語化し、アプリ上でカードを共有します。友達に他者承認してもらったり、先生にも価値付けしてもらったりすることで、自分自身の肯定感を高めます。上のカードでは自分の考えを整頓しました。下のカードでは自分たちの考えを共有することができました。

ＩＣＴ活用を始めて、児童同士の交流がしやすくなりました。今までは発表や言葉を発して伝え合ったり、ノートを見せ合ったりしていましたが、全員の考えを知るのは難しかったです。ＩＣＴを活用することで、いろんな意見が可視化でき、お互いを知ることが簡単になりました。お互いを知る機会が増えるほど、絆は深まり、学級が過ごしやすい場所になっていきます。

次にこちらも5年生国語「好きな作家の作品を読み、読書の楽しみを広げよう」という単元で、重松清著『カレーライス』を読みました。ＩＣＴは探究型の授業とも、親和性が高いです。単元デザインを練り、一斉指導の時間と探究の時間を両方取り入れました。児童の実態に合わせて、児童が主体的に学べるように授業づくりを進めました。

大切なのは、新しい授業形態を学んだら、それを１００％試してみるのではなく、目の前の児童に何が一番効果的かを考えることです。

『カレーライス』をみんなで読み解いた後に、重松さんのその他の作品を自分で選び、その魅力についてプレゼンしました。自分で選べる選択肢を用意することで、学びは主体的になります。

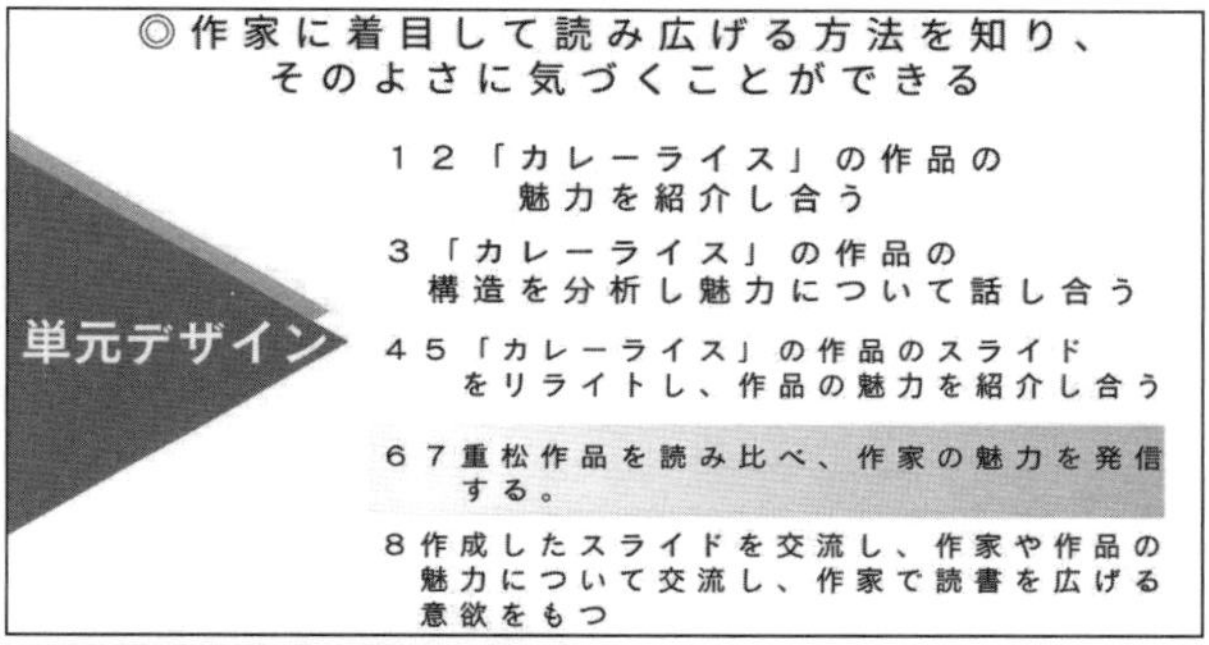

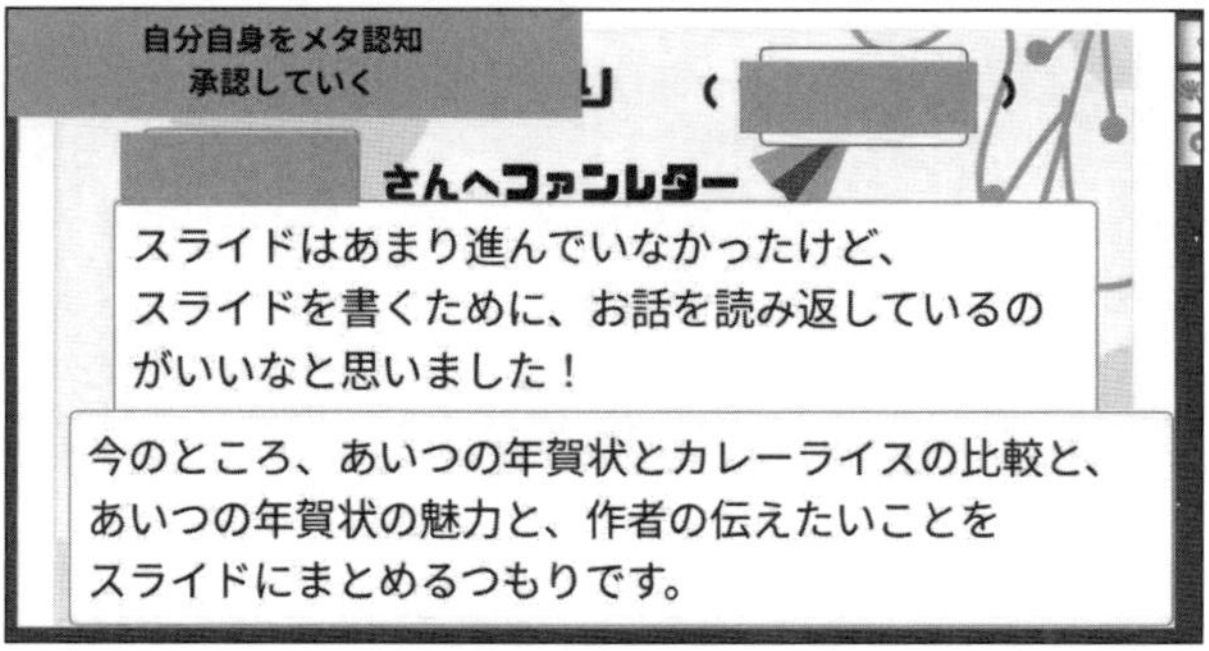

プレゼンづくりでも、自分の思考を整理するのに、ミライシードは有効でした。スライドを消したり、つくり直したり、簡単に操作できるので、より良いプレゼンを探究するのに適していました。

また、この国語の単元でも毎時間お互いの進行状況を確認して、相互承認する時間を設けました。「ファンレタータイム」といって、友達の頑張ったところを認め、さらに次の時間の意欲を高めるというものです。一連の授業づくりは、冨田明広、西田雅史、吉田新一郎著『社会科ワークショップ：自立

探究の時間と一斉指導を
両方単元に取り入れる。どちらかに偏らない

した学び手を育てる教え方・学び方』（新評論）を参考にしました。授業をブラッシュアップするのに大変勉強になりました。

自分自身がICT活用を通じて得た学びと、ICTによる実際の授業改善をお話ししました。

私は、ICTはあくまでツールだと思っています。

ICTを活用して多くの人と交流し、自分自身の考えをより深化したり、整理したりしていく。

その先に、自分自身が理解できるフェーズが来る。これを繰り返すのが楽しい！

ミライシードコミュニティマネージャーである二川佳祐先生は著書『明日から使えるミライシード：子ども主体の学びを実現！』（時事通信社）で、様々な実践は「決して特別なものではなく、あなたの授業の延長線上にあるものです。このことを心に留めて、ぜひチャレンジしてください」と書かれています。

普段使いできるツールとしてのＩＣＴの研究が全国に広がることを願ってやみません。

２０２４年現在、ミライシードはオクリンクプラスという新しいアプリケーションを追加しました。様々な授業の形態に合わせ、また様々な子どもたちの学習に合わせ、進化しています。私たち教員は一つのやり方や、今まで培ってきた経験に縛られすぎることなく、子どもたちの学びをより良くしていく使命があります。ミライシードに限らず、各自治体で使っているアプリケーションは多様であると思いますが、子どもたちの実態に合ったＩＣＴ活用を模索していきたいものです。

働き方改革に関わる提言

働き方の変化

教員の過重労働が社会問題になって久しいです。

働き方改革は、進んでいるのか？進んでいないのか？現場にいると正直よくわかりません（目の前の課題に忙殺されている？）。

東京都では教員の平均在校時間は11時間です。朝8時から勤務して、7時までは仕事をしている計算になります。副校長に至っては12時間を超えています。

私自身は10年前と比べると、当時は大体、帰宅が20時半でしたが、今は17時～18時の間には家にいます。勤務校は10年前と変わりません。自分のライフステージや校務分掌は多少変化しています。10年前、学級担任・研究主任→今、学級担任・教務主任。子どもは0歳から10歳になりました。成長したことは仕事を効率的に進められるようになったことです。経験ですね。しかし、主幹教諭なので、仕事量は単純に10年前の2倍ほどになっています。自分の状況だけで比べるのは難しい！

しかし、結果として、勤務時間は大幅に短くなっています。それはなぜか？

一番影響しているのは、職場の空気感だと思います。

「早く帰ろう」と多くの人が考えて行動しています。休日出勤の人数も減りました。

若い頃のエピソードでもお話ししましたが、

「遅くまで子どもたちのために残って仕事するのがいい先生の条件」という価値観がみんなの頭の中にあったと思います。

「先生の教室遅くまで電気が点いていましたね」と保護者の方に労われ、少し誇らしく思う自分もいました。

もちろん子どもたちへの情熱は失っていませんが、残業することが目的になっていないか考える必要はありそうです。

そして、職員室の意識を変えることで、組織の行動は変わることを実感しました。

では、時短になることが働き方改革なのか？

仕事による成就感・達成感は人生の中で大きな要素です。哲学者アリストテレスも『ニコマコス倫理学　(上)(下)』(岩波書店)でこう言っています。

「仕事とは人生の目的の一部であり、私たちの幸福の一部でもある」

仕事には、

・世の中のためになることへの喜び
・他者からの称賛
・報酬という価値
・仲間と協働作業する喜び
・自己の充足感を高める

など、人生を豊かにするためのピースが散りばめられています。

仕事をすることで、自分らしさや、自分の生き方を見つけたり、見つめ直したりする人も多いでしょう。私は教師という仕事を通じて、保護者の皆さん、子どもたちから多くを学ばせていただきました。色々な親子の愛情の形に出会い、人が成長することの素晴らしさを味わい、自分が研究をして準備をした、授業・行事への称賛に達成感を味わいました。同じ志をもつ教師の仲間と対話し、教育観を広げ、深めました。

同じ課題に取り組んだ同僚との絆もかけがえのないものです。

教育観＝人生観ですから、自分の人生は教師という仕事とともにあります。

となると、「早く帰れって言うけれど……」「もっと仕事がしたい！」という人もいていいんですよね。

時代が時短になっているからみんな定時で！というのも「右向け右」感が否めません。

教育こそ多様な考え方を共存させないと危険だなあと私は思っています。

結果的に試行錯誤をする難しい仕事を選ぶ方が仕事が楽しくなると思います。

時間と労力なども悩むところですが、心に残る仕事がしたい。

今はそう思っています。

職員室の組織づくりに関わる提言

教育は常に矛盾と向き合っています

たくさんの人がいればそれぞれストーリーが違います。一人ひとりがそれぞれの幸せを育む力を身に付けるには、**多様な教育場面が必要だと私は考えます。**

例えば、教師が提案した漢字の練習方法の通りでやることでしか、学力は上がりません！という事実はないです。子どもたち一人ひとりの特性が異なるように、課題も異なります。課題解決の方法も異なって当たり前です。

極端な話、

「文科省がこうしなさいって言ったから……」

「教育委員会がこうしなさいって言ったから……」

ということでなく、学校単位で課題の解決に向け、みんなで課題共有していく！その合意形成の経験が決定的に少ないのです。

「学年ごとの漢字の練習方法が違うけれど、みんな子どもたちのどんな力を伸ばしたくて、宿題を出しているの？」

なんて話し合いは学校全体で語られることはあまりありません。

ここに働き方改革の本質があると私は考えています。

つまりどうしたら良いか。

学校単位でお互いの働き方や生きがいについてもっと語り合う時間が必要です。

ＯＪＴの時間でも校内研究の時間でも職員会議でもかまいません。

今年度のはじめ、４月の春休みに、まずワークをしました。

ホワイトボード・ミーティング®の横山弘美先生の監修のもと、ホワイトボードを使って、お互いを知るアクティビティをみんなで楽しみました。自分自身を語る10の言葉を書き出して、グループで共有し、相互理解の時間になりました。

「何でその言葉にしたの？」

「実は……」

「そうなんだ！」のやり取りが至るところで生まれます。

自分自身を説明する言葉には、信念や生きがいなど、その人の人生観が現れてきます。

何気ない会話に近いワークですが、意外に知らないことが多い。

普段の話し合いは会話ではなく、対話が多いんですよね。「時間的よはく」がない。やることが多くて「精神的よはく」がない。「よはく」がないと、相手を知る時間は生まれてこないです。

風通しの良い組織づくりには会話が必要です。

普段から何とかそんな時間がつくれないか。そう思いました。

アクティビティのグループを好きな食べ物でグループ分けするのも面白いです。

ラーメンなら醤油？塩？とんこつ？

誕生月や血液型もやりやすいです。グループを組んだ同僚との親近感が生まれます。

校長先生の学校運営方針を聞いてからホワイトボードを使って学年団で一年間の目標を

立てて、共有しました。お互いの教育観を相互承認できる時間になりました。

折に触れて、この自分たちのポリシーを振り返り、修正していくことで、学年運営、学校運営は円滑になります。

自分たちがどんな学校にしたいか？

どう担任として、専科として、管理職として働いていきたいのか、そこを共有させることが働き方改革のスタートであり、柱であると思っています。

誰一人の意見も取り残さず、みんなの意見を尊重します。

そんなの無理だと、最初から投げ出しません。

働き方改革とは、同僚、仲間を知り、お互いの教育観を交流させることで始まります。その改革とはメンバーが変われば常に変化していくものであり、自分たちの共通項をまとめたポリシーを大切にしていくことが不可欠です。

このポリシーについては五木田洋平著『対話ドリブン』（東洋館出版社）第3章のポリシーメイキングで詳しく語られています。ぜひご一読ください。

カリキュラムに関わる提言

国と自治体と学校と、現場はあくまで学校。オルタナティブスクールから学ぶ

学校の教育内容に関する計画（プラン、プログラム）、これを**カリキュラム**（**教育課程**）と呼びます。さらにカリキュラムを分類していくと、国家レベルのナショナルカリキュラムがあります。これが**学習指導要領**です。そして、学校ごとに地域や学校の実態、子どもたちの発達段階や特性を考慮し、編成するのが**学校カリキュラム**です。校長が中心になり教員みんなで編成する**教育課程**にあたります。

また地方ごとの教育委員会が基準を例示した**地域カリキュラム**もあります。

このようにカリキュラムというと教育内容の計画を指しますが、実際に教育現場に立つ

と、自分が計画したものを超えて、子どもたちの学びが展開されている例が多々あります。ねらい通りに全員が学んでいる姿を、私は見たことがありません。一つの課題に対しても、子どもたちによって、学び方は様々です。一人ひとり色々な学び方があっていいし、ゴールもきっと一つではない。事実はそうだと思います。

だとしたら、結果として一人ひとりの子どもが経験したものもカリキュラムと捉えられないか。この概念が経験としてのカリキュラムです。そして、個々人の経験の総体をカリキュラムとして見る。これからのカリキュラムを考えるときにこの「経験としてのカリキュラム」は外せないです。

顕在化されたカリキュラムは簡単にいうと教師の計画や意図性が含まれます。それに反して、子どもたちが教師の意図を超えたり、枠を外れたりする潜在的なカリキュラムも間違いなく存在しています。

例えば、5年生の算数で「合同な図形」を学んでいるときに、合同条件として、

① 3つの辺が等しいこと
② 2つの辺とその間の角が等しいこと
③ 1つの辺とその両端の角が等しいこと

を見出していく活動があります。

作図をしながらその条件に気付くという活動で、「3年生のときより、自分はコンパスを使うのがうまくなったな〜」や「この三角形、近所の家のステンドグラスに似ていてきれいだな〜」と思う子もいるのではないでしょうか。顕在化されたカリキュラムからは外れていますが、その感覚から、学びが広がったり、深まったりするかもしれません。これも学習者の学びなのです。否定することはできません。

「そんな事考えてないで、合同条件を押さえなさい！」なんて言ったら、果たして算数好きになってくれるかな？そう考えてしまいます。

とはいえ、子どもの発達段階を考え、身に付けさせたい力、経験させたい学びは確実にあります。しかし、一方的に大人が学びを押し付けることは、勉強嫌いの子どもを増やしてしまうことに繋がるでしょう。

学習の主体はあくまで子どもたちです。課題を提示する前に、それが子どもたちにとって切実な問題になっているか、学習に関わる意思決定を自分たちで行うことができているか。授業づくりで意識している問いです。

学習の主体を子どもたちにすることは決して放任するということではありません。

子どもたちが学びたいと思っていることを最優先にしながら、学びの経験が教育的なものになるように教師が取る手立ては、

① 事前の準備
② 適切な指導と助言
③ 計画を常にブラッシュアップしていく

の3つです。

また、学習の成立条件として、平野朝久編著『子どもが求め、追究する総合学習』（学芸図書）では、4条件を挙げています。

1 素材が子どもたちにとって共通の関心ごとに属しているか。その関心も頭だけのものでなく、子どもたちの胸をときめかすようなものであるか。
2 その素材とかかわることによって、子どもに「こうしたい」「どうしてだろう」という求めが次々と生まれ、その求めが「○○を○○によって○○したい」とい

う具体的なめあてとなって連続している見通しがあるか。
3 そこで行われる活動がどの子にとっても可能なものであり、しかもやりがいのあるものになりそうか。
4 その活動を展開することを通して、その子にふさわしい「学力」を身に付けることになりそうか。

私は過去、平野先生の講義で学ばせていただいた経験があります。

「まず子どもありき」という考え方、「もっと子どもたちを信じてみましょう」という投げかけに、自分の指導を見つめ直しました。

実際には、これらの条件を満たして実践できたのかというと、正直言ってまだまだです。**大切なのは、少しずつ変えていく。あきらめないことだと思っています。**

前述しましたが、教育は矛盾をはらみます。そして子どもたち次第でその形を変えていきます。この視点をもって、学校のカリキュラムを見直していくことが大切なのではないでしょうか。

そして見直す際には、やはり学年団だけでなく、学校全体で合意形成していきたいもの

です。もちろん日々の授業づくりから考えることで、学校カリキュラムにアプローチしていくことはできます。

私は、公立のカリキュラムを見直す際、オルタナティブスクールのカリキュラムデザインも参考にしています。オルタナティブスクールの方とも対話をします。発想が柔軟で、発見も多いです。自分とは異なる環境で教育活動をしている方々との関わりも大切です。身近なところでは、近隣の学校のカリキュラムについて聞いてみてもいいですね。

小中連携や地域連携の時間に話題にしてもいいかもしれません。子どもたちの主体的な学びを促す計画づくりが、より良い学校カリキュラムの作成に繋がる。そう信じています。

共有しよう子どもたちの未来のために

30年先の未来を見据えた教育とは

ＯＥＣＤ学びの羅針盤、ラーニング・コンパスには、
・何のために学ぶのか
・どのようにして学ぶのか
・どんな力が必要なのか
の３つの柱が掲げられています。もはやコンテンツベースの学びではなく、コンピテンシー（資質・能力）ベースの学びへと変革は必須になっています。

だとすると、子どもたちは、知識を獲得するまでのプロセスを経験することが必要になります。学びの時間を十分に確保しないと実現は不可能になるでしょう。

いったいいつまで、詰め込み式のカリキュラムで教育を進めようとするのでしょうか。

教師たちはテストの採点に追われ、教科書の内容が終わらないことに苛立ち、質の低い授業を繰り返してしまう。子どもたちは宿題が急になしになった連絡に喜び、勉強なんてしたくないと言う。何十年同じ構図を続けるのでしょうか。

私たちにできるのは、これらの課題に対して問い直していき、対話を繰り返すことです。多くの大人と子どもが交流し、情報を共有する。課題を共有する。思いきって、今までの教育を手放すことはできないのでしょうか。そうしたら見えてくるものもあると思います。

30年後、プログラミングやＡＩは必須であり、さらに発達しているでしょう。新たな創造性とイノベーションを生むには協働学習の経験も必要です。なぜなら文化が発展するためには人々の交流が不可欠だからです。

持続可能な社会にしていくためには環境教育やグローバルシチズンシップも学ぶ必要があります。生涯にわたって一人ひとりが学び続ける意欲をもつには、幼い頃に学ぶ楽しさを知ることが大切です。ウェルビーイングの概念で人生を捉えていくと幸せになります。

いくつも課題を挙げてみましたが、すべて連動しています。問題は複雑に絡み合う。まさにＶＵＣＡ（ブーカ）時代。

課題が新しくなっていく中で、私たちはやはり新しいものにチャレンジして、新しい文化を築き続けていきたい。それもワクワクした方に！

学ぶのを止めない。挑戦を止めない。すぐには答えは出ないかもしれないけれど、みんなが協働してお互いを尊重できたら、きっとより良い教育が広まっていると思います。そ

のために は、現代を生きる私たちが未来を予測してより良い方向へ、子どもたちを導いていく。後ろ姿を見せ続けていく。

今言えることはこれだと確信しています。

Column

これからも期待する「ファシリテーション」

Author：横山弘美
経歴：東京都小学校講師、大学非常勤講師
　　　ホワイトボード・ミーティング® 認定講師
　　　日本酪農教育ファーム研究会事務局長

　私は、小学校の主幹教諭を退職して、現在小学校と大学で講師をしながら、ホワイトボード・ミーティング® の認定講師としてファシリテーションの普及活動をしています。私が講師として着任したその学校に、内海さんは主幹教諭として勤務していました。なんと1年目は内海さんは私が授業している家庭科室の、隣の教室の担任の先生でした。

　内海さんの教室には、ときに八丈島の花が飾られてあったり、もっこを真似て作った物が置いてあったりと、本物や体験を学習活動に取り入れていました。お楽しみ会では、たくさんの種類の被り物で子どもたちと一緒に変身して楽しんでいる、そんな明るい楽しい先生です。

内海さんを見ていて、教員は、いかに上手に情報を得て、それを自身の教育活動にどう生かすかが大事だと思いました。「SNSには触れない」とする教員はとても多いです。使い方を間違えた場合のことを考えてのことでしょう。しかし、使い方をうまくすると、たくさんの学びを得ることができる。それは子どものSNSの使い方と一緒です。内海さんは、そこでたくさんの信頼できるコミュニティに参加し、仲間をつくり、学びを得ています。

そして、そこで出会った方々をゲストティーチャーとして、学校現場で子どもたちとの授業に招いています。例えば、海外とのオンライン授業、介護をテーマにした授業、生き方をテーマにした授業、子どもたちにたくさんの出会いと本物の学びを提供していました。

そういう姿から「内海さんはファシリテーターとしての役割を担おうとしている」と感じます。ファシリテーターとは話し合いの進行役だけでなく、広い意味で捉えると、一人ひとりの力を生かし合う場をつくる役割があります。

内海さんのいる学年の学年会の様子を見る機会がありました。学年でやるタスクを洗い出し、優先順位を決めて役割分担する学年会でした。内海さんはファシリテーター役。ホワイトボードに可視化しながら、ニュートラルに進行しているので、若手の二人は安心して、進んで意見を言っています。忙しい現場だからこそ、チームで進むことを大事にしているのだと思いました。

令和４年度、中央教育審議会の答申の中で、教員に求められる資質の中にＩＣＴ活用指導力等とともにファシリテーション能力等が挙げられています。これからの教育現場では、様々な人が子どもの教育に関わっていくでしょう。そのためにもそれぞれの力が発揮できるファシリテーターが必要とされます。内海さんには、たくさんの教員と一緒に、学び続けてくださることを期待しています。

あとがき

東京都の教育について本を執筆させていただくにあたり、喜びとともにプレッシャーもありました。それは、私自身、東京都の教育すべてを把握しているわけではなく、また、東京都の教育のために尽力している方はたくさんいらっしゃるからです。公立学校だけでなく、子どもたちが学んでいる場所は多く存在します。しかし、私の経験したことをお伝えさせていただくことで、「東京都の学校教育とは何か」皆さんの問い立てになればと思っています。至らない部分も多々あると思いますが、どうかご容赦ください。

そして今回の著書を執筆するにあたり、明治図書出版株式会社の茅野現さんには大変お世話になりました。

コラムをお願いしたA先生、内藤一貴先生、鈴木博之先生、横山弘美先生、そして様々なアドバイスをいただきましたベネッセ教育総合研究所教育イノベーションセンター主任研究員の庄子寛之先生、各取材を快く引き受けてくださった教育関係者の皆様、地域の皆様ありがとうございました。感謝の気持ちでいっぱいです。

内海　孝亮

参考文献

五木田洋平著『対話ドリブン』東洋館出版社
工藤勇一、苫野一徳著『子どもたちに民主主義を教えよう――対立から合意を導く力を育む』あさま社
齋藤浩著『チームで解決！理不尽な保護者トラブル対応術』学事出版
青砥瑞人著『BRAIN DRIVEN　パフォーマンスが高まる脳の状態とは』ディスカヴァー・トゥエンティワン
マシュー・ウォーカー著、桜田直美訳『睡眠こそ最強の解決策である』（ＳＢクリエイティブ）
鈴木奈津美著『I型さんのための１００のスキル』BOW & PARTNERS
二川佳祐、ベネッセコーポレーション他著『明日から使えるミライシード　子ども主体の学びを実現！』時事通信社
深見太一著『対話でみんながまとまる！たいち先生のクラス会議』学陽書房
宮澤悠維著『学級経営の心得　担任の不安が自信に変わる１５０のメソッド』学事出版
庄子寛之著『子どもが伸びる「待ち上手」な親の習慣　イライラしない親は、子どものど

こを見ているのか』青春出版社
三好真史著『守る学級経営』東洋館出版社
安宅和人著『イシューからはじめよ――知的生産の「シンプルな本質」』英治出版
佐伯胖編著『共感　育ち合う保育のなかで』ミネルヴァ書房
鹿毛雅治、奈須正裕編著『学ぶこと・教えること　学校教育の心理学』金子書房
冨田明広、西田雅史、吉田新一郎著『社会科ワークショップ　自立した学びを育てる教え方・学び方』新評論
他

【著者紹介】

内海　孝亮（うちうみ　こうすけ）

1980年、愛媛県生まれ。生後すぐに埼玉県さいたま市（旧与野市）に転居、幼少期を過ごす。

埼玉県立大宮高等学校、東京学芸大学Ａ類卒業後、東京都公立小学校教員として採用される。同時に音楽活動も並行して取り組む。ロックバンド crazymames、葱坊主のギターボーカルとして、オリジナル曲を配信している。ホワイトボード・ミーティング® 認定講師、Benesse ミライシード DX エデュケーター。五木田洋平著『対話ドリブン』（東洋館出版社）に寄稿、組織論、多彩なゲストティーチャー授業で教育新聞より取材を受ける。

東京都教員の働き方

2025年２月初版第１刷刊　©著　者　内　海　孝　亮
発行者　藤　原　光　政
発行所　明治図書出版株式会社
http://www.meijitosho.co.jp
（企画）茅野　現（校正）井村佳歩
〒114-0023　東京都北区滝野川7-46-1
振替00160-5-151318　電話03(5907)6702
ご注文窓口　電話03(5907)6668

＊検印省略　組版所　株式会社木元省美堂

Printed in Japan　ISBN978-4-18-573424-0